MINHAS HISTÓRIAS DOS OUTROS

Zuenir Ventura

Minhas histórias dos outros

Edição revista e ampliada

Copyright © 2005, 2021 by Zuenir Ventura

Grafia atualizada segundo o Acordo Ortográfico da Língua Portuguesa de 1990, que entrou em vigor no Brasil em 2009.

Organização
Mauro Ventura

Capa
Victor Burton

Foto de capa
Daniela Dacorso/ Agência O Globo

Preparação
Ciça Caropreso

Revisão
Angela das Neves
Jane Pessoa
Clara Diament

Dados Internacionais de Catalogação na Publicação (CIP)
(Câmara Brasileira do Livro, SP, Brasil)

Ventura, Zuenir
    Minhas histórias dos outros / Zuenir Ventura ; [organização de Mauro Ventura]. — 1ª ed. — Rio de Janeiro : Objetiva, 2021.

    ISBN 978-85-470-0124-7

    1. Brasil – Civilização 2. Brasil – Política e governo 3. Jornalismo – Brasil 4. Ventura, Zuenir, 1931- I. Ventura, Mauro. II. Título.

21-59102   CDD-079.81

Índice para catálogo sistemático:
1. Jornalistas brasileiros : Biografia   079.81

Cibele Maria Dias – Bibliotecária – CRB-8/9427

[2021]
Todos os direitos desta edição reservados à
EDITORA SCHWARCZ S.A.
Praça Floriano, 19, sala 3001 — Cinelândia
20031-050 — Rio de Janeiro — RJ
Telefone: (21) 3993-7510
www.companhiadasletras.com.br
www.blogdacompanhia.com.br
facebook.com/editoraobjetiva
instagram.com/editora_objetiva
twitter.com/edobjetiva

A meus netos Alice e Eric

Em memória de dona Neném e seu Zezé, meus pais

Sumário

Se não me falha a memória	9
Uma faculdade de bambas	14
O vírus do jornalismo	25
Paris, onde tudo acontecia	32
Glauber em três tempos	50
Perdão para todos	72
Um mártir da abertura	80
O pênis não preservado	89
Um verão colorido	96
A chegada da peste	102
Bumbum e a defesa do comunismo	113
Se meu gravador falasse	121
Enfim, as pazes	129
Memórias do cárcere	136
Um suicídio mal contado	140
Mostra a tua cara	151
Notícias de uma guerra civil	158
Uma guerra particular	178
Quatro Antônios geniais	183

"Nóis num tá aqui por boniteza"	187
O darcisismo	190
Drummond, um homem qualquer	197
Os comandantes de Cuba	200
A saga de uma testemunha	211

Se não me falha a memória

Este livro é feito de episódios que vivi e de personagens que conheci ao longo de mais de sessenta anos de jornalismo — uma história que começa numa faculdade de letras, entre professores como Manuel Bandeira e Alceu Amoroso Lima, continua num arquivo de jornal e, de redação em redação, vai até a Amazônia, passando por Paris, Viena e algumas vielas de favelas cariocas. É uma boa parte de minha trajetória profissional.

Enquanto ela se desenrolava, Getúlio Vargas se suicidava, Jânio Quadros renunciava, Juscelino Kubitschek espalhava otimismo, João Goulart era derrubado e uma série de cinco ditadores militares, sem falar numa Junta de mais três, dominava o país com mão de ferro por 21 anos, ao fim dos quais se iniciava o ciclo de presidentes civis: Tancredo Neves, que era para ter sido e não foi; seu vice, José Sarney; o corrupto Fernando Collor; Itamar Franco; o sociólogo Fernando Henrique Cardoso; o operário Luiz Inácio Lula da Silva; e o ex-capitão do Exército Jair Bolsonaro, que, em 2018, foi eleito prometendo "mudar tudo o que está aí", mas no momento em que escrevo, 2020, continua repetindo muito do que prometeu combater.

Alternando depressão e euforia, desencanto e esperança, o país se submeteu a um processo de ciclotimia crônica. Atravessou anos dourados, anos rebeldes e anos de chumbo. Chorou de alegria e tristeza, conheceu o arbítrio, a censura, a tortura, mas acabou reconquistando a democracia. Saiu às ruas em várias ocasiões — para enfrentar a polícia, lutar contra a ditadura, exigir liberdade, entoar cantos à anistia, festejar a volta dos exilados, pedir eleições diretas e derramar pranto pela morte de um presidente.

Houve do melhor e do pior. Foram tempos de revolução comportamental, de liberdade sexual, de arrojadas aventuras existenciais, mas também de flagelos planetários como a aids, o narcotráfico, o terrorismo, a violência urbana e a pandemia da covid-19. Descobriu-se a pílula anticoncepcional e enterrou-se a camisinha, para depois ir buscá-la como defesa contra a aids. Agora há uma desesperada busca no mundo todo por uma vacina contra o coronavírus.

A ciência e a tecnologia desenvolveram formas de prolongar a vida e, ao mesmo tempo, aprimoraram métodos de exterminá-la numa escala nunca antes alcançada. Passamos de um século que foi considerado "o mais extraordinário da História" (Eric Hobsbawn) para outro cujo começo às vezes parece o fim do mundo. São lembranças pessoais misturadas com as coletivas. Há memória involuntária, proustiana, que se mete onde não é chamada, e a que se busca sem encontrá-la: "como é mesmo o nome?", "quando foi mesmo?".

A sugestão do livro foi do meu amigo Elio Gaspari, inspirado em *Minhas memórias dos outros*, de Rodrigo Octavio Filho. Mas só coloquei a ideia em prática depois de ler *A louca da casa*, da romancista espanhola Rosa Montero.

Desmemoriada confessa como eu, ela conseguiu escrever um delicioso livro de reminiscências, suprindo sua amnésia com uma incrível imaginação. Rosa divide os escritores em "memoriosos e amnésicos": os que se lembram de tudo e os que, como ela e eu, se esquecem de quase tudo. Na primeira lista, ela incluiu Tolstói e, na segunda, o Joseph Conrad de *Coração das trevas*, o preferido da autora, que classifica a própria memória de "catastrófica": "Esqueço o livro que li, pessoas e situações que conheci, filmes vistos, coisas que algum dia aprendi".

Mas, lendo o livro de Rosa, me perguntava como pode ser desmemoriada uma pessoa que se lembra da primeira leitura feita aos cinco anos de idade, que relata incidentes ocorridos há vinte, trinta anos, sem falar nas inúmeras citações? A resposta veio durante a II Festa Literária de Paraty (Flip) de 2004, quando seu editor no Brasil, Paulo Roberto Pires, nos ofereceu um jantar.

Depois de uma afinidade imediata — ela me achando parecido com seu pai e com isso me deixando envaidecido por ser ele um ex-toureiro e eu acreditar que a semelhança estava na cintura —, me confessou que tudo ou quase tudo no livro era mentira, inclusive a existência da irmã gêmea, tão importante na história. Ela nunca teve irmã. E as citações que aparecem em todo o romance? "Levei vinte anos anotando", me respondeu, às gargalhadas.

Me dei conta de que também passara a vida fazendo anotações, só que em páginas de jornais e revistas, isto é, escrevendo histórias. Para recordá-las agora, e sem talento para inventar, só me restou ater-me aos fatos, recorrendo aos arquivos e à memória dos outros quando a minha falhava. Nada disso, porém, é garantia de fidelidade absoluta. Afinal, os fatos à distância só existem como versões, o que não deixa de ser uma forma de ficção.

"Para quem escreve memórias", pergunta Pedro Nava, mestre no gênero e personagem deste livro, "onde acaba a lembrança, onde começa a ficção? Talvez sejam inseparáveis." De fato, navegar pelo rio das reminiscências é tarefa traiçoeira, porque se esbarra no caminho com lapsos e armadilhas. A exemplo de nosso código genético, a memória é única, não existe outra igual. O mesmo acontecimento nunca será visto da mesma maneira por mais de um observador. Até as nossas recordações de nós mesmos podem não ser idênticas em momentos diferentes.

"A memória que temos de um fato qualquer cresce com a gente e muda o tempo todo", afirma a médica Diana Maul de Carvalho, que desenvolve pesquisa sobre história oral na área em que trabalha. Um exemplo desse caráter mutante está no capítulo "A chegada da peste", na página 102. Como ela é epidemiologista, submeti o texto sobre a aids à sua leitura crítica. Nele, Betinho faz um relato de como se curara da tuberculose com hidrazida. Acontece que, contando a mesma história para Diana, ele citou outro remédio: estreptomicina. Betinho mentiu? "Claro que não", ela reage. "Ele contou o que se lembrava no momento em que estava contando." Muitas vezes, no depoimento das testemunhas, observei ocorrências como essa, principalmente quando se comparava o acontecido de ontem com sua lembrança de hoje.

Os capítulos estão organizados numa sequência cronológica mais ou menos flexível. Há os que têm o seu próprio tempo e abrangem períodos diversos, começando numa época e terminando em outra. O que trata de Glauber Rocha, por exemplo, inclui fatos que ocorreram entre os anos 1960 e 1990, já depois de sua morte, quando fiz pesquisas para uma biografia que não cheguei a escrever. Também os episódios de "Notícias de uma guerra civil" abarcam mais de uma década. Outros capítulos, porém, têm autonomia, podendo ser lidos em qualquer ordem. Na edição de agora, além da revisão geral, foram incluídas novas histórias.

Como fiz vários empréstimos de lembranças alheias, o livro contraiu muitas dívidas. Além dos credores que estão presentes no desenrolar da narrativa me ajudando na reconstituição de fatos, há os que tiveram a paciência de conferir capítulos de que participaram e há quem se dispôs a ler criticamente o livro inteiro, como Ricardo Setti, amigo e companheiro de ofício. A ele não tenho como retribuir o zelo e o rigor com que corrigiu, sugeriu, melhorou a forma e o conteúdo das histórias que vocês vão ler.

Ainda na coluna dos débitos, reservo lugares especiais para os editores Pascoal Soto, que cuidou do lançamento, e Daniela Duarte, responsável por esta edição, cuja revisão crítica foi feita por meu filho, Mauro. A ele é preciso creditar as correções, cortes e acréscimos.

Ao empenho e à insistência de minha amiga e agente literária Lucia Riff, devo a publicação desta nova edição.

Por fim, e sobretudo, à minha família devo o que de melhor esses tempos me deram.

Uma faculdade de bambas

No começo dos anos 1950, sair do interior para cursar faculdade no Rio era uma aventura penosa, mesmo que a distância fosse de 130 quilômetros, como no caso de Nova Friburgo, onde eu vivia. Como só havia ligação por estrada de ferro, a viagem a Niterói podia durar até sete horas. De lá era ainda preciso pegar a barca — e eu tinha trauma de barca. Quando pequeno, na primeira vez em que fiz essa viagem, entrei em pânico ao ouvir gritarem como um aviso de perigo: "Baleia, baleia!".

Mineiro nascido em Além Paraíba e criado em Ponte Nova até os onze anos, tinha fascínio pelo mar, mas muito medo dos monstros marinhos, entre os quais meu imaginário incluía a baleia. Sem saber nadar, quem me livraria do afogamento e daquele monstro que, como eu aprendera, engolia homens inteiros? O estranho é que ninguém parecia preocupado com os avisos; que, no entanto, persistiam: "Baleia, baleia!". Só me tranquilizei quando meu bom e velho tio Lilico foi buscar a origem do meu pavor: era um vendedor de balas que gritava "baleiro, baleiro!", e eu entendia errado. Não sei o que foi pior, se o medo ou a vergonha do vexame.

Fui morar de graça na casa de uma irmã de papai, tia Zinha, na rua Conselheiro Autran, 27, paralela ao Boulevard 28 de Setembro, a avenida principal de traçado pioneiro que dava à Vila Isabel um ar francês. Isso possibilitou minha primeira importante descoberta no Rio: Noel Rosa. Dois primos e amigos, Ângelo e João Máximo Ferreira Chaves, que residiam comigo nessa espécie de república, sabiam tudo do autor de "Feitiço da vila": não só de sua música, mas também de sua vida no bairro que imortalizou: os bares que frequentou, as esquinas onde conversava, a fábrica de tecidos onde trabalhou sua musa, os pontos de serenata e boemia. Não por acaso, João Máximo viria a escrever a mais completa biografia de Noel. Eu não podia ter tido melhor iniciação.

Prestei vestibular para o curso de neolatinas da Faculdade Nacional de Filosofia (FNFi), da Universidade do Brasil, hoje Universidade Federal do Rio de Janeiro, e passei com dificuldade. De família pobre, tive que trabalhar para estudar. Meu primeiro emprego em Friburgo foi de aprendiz de pintor de parede, com meu pai, "Seu Zezé Ventura, o maior pintor da cidade", como se referiam a ele; depois fui faxineiro num bar e num laboratório de prótese dentária, office boy numa agência bancária, balconista de uma camisaria e, finalmente, professor primário. O diretor do colégio onde fiz o científico à noite, que era o último grau antes da universidade, me oferecera gratuidade em troca de lecionar para os meninos de manhã, junto com a professora Lectícia Pinto. Por influência dos livros que ela me fez ler é que resolvi cursar letras.

Mas minha formação era cheia de falhas, como é até hoje. Sem preparo pré-vestibular, varava as noites tentando recuperar o que não aprendera. Para me manter acordado, tomava comprimidos de Pervitin, um eficaz estimulante à base de anfetamina pura que provocava graves efeitos colaterais, como alucinações e taquicardia. Fácil de adquirir em qualquer farmácia (só mais tarde foi retirado do mercado), ele quase me viciou. Precisei de muita força de vontade para me livrar da dependência, o que acabou me imunizando contra todas as drogas que na década seguinte iriam atravessar o caminho de minha geração.

Pegar o bonde que passava pelo meio do Boulevard e me levava à praça 15, de onde eu ia a pé até a FNFi, na avenida Antônio Carlos, na Esplanada do Castelo, não era uma obrigação diária, mas um prazer. Nessas viagens que demoravam de quarenta minutos a uma hora, fiz algumas de minhas mais atentas leituras. Sentado no lado dos bancos opostos à saída, para não ser importunado pelos passageiros que desciam ou subiam, eu ia devorando os livros que os professores indicavam, em português, francês, espanhol e italiano, pois se estudava a língua e a literatura desses países.

Acho que durante todo o primeiro ano não fui uma só vez à zona sul. Me bastavam o Rio de Noel Rosa e o outro de minhas novas descobertas: Camões, Cervantes, Dante, Machado, Pessoa, Lorca, Camus, a lista era infindável e o tempo, insuficiente. A quantidade de matérias para cursar, de livros para ler e trabalhos para entregar era humanamente impraticável. Às voltas com dificuldades financeiras e metido numa complicação sentimental, estava sempre em débito com minhas tarefas.

Os rapazes eram minoria no nosso grupo: Domício Proença Filho, colega de turma, e Hélio Alvarenga, Carlos de Almeida Lemos e Paulo de Carvalho, de outros cursos. As moças reinavam soberanas no domínio das letras. Só na minha sala eram trinta. Algumas, como Yonne Leite, Norma Muller, Maria Antônia Moutinho da Costa e Ecila de Azeredo — além de Margarida Alves Ferreira e Célia Therezinha, duas queridas amigas de uma turma mais avançada —, tomavam conta de mim, lembrando prazos, ajudando nas lições, me estimulando e, não poucas vezes, me emprestando dinheiro para o bonde. Longe de ser brilhante, nem bom aluno eu era. Digamos que não fosse burro, mas era certamente ausente, avoado e relapso. Yonne conta, exagerando, que eu era tão mau aluno em italiano que, numa prova oral, deu-se um incrível diálogo entre mim e a professora de literatura, uma senhora extravagante de cabelos coloridos e outras atitudes punks avant la lettre. A cena teria se dado assim, com ela me examinando:

— *L'ispiratrice del Dante fu...?*

— Laura.

— *No! No! Laura fu l'ispiratrice del Petrarca. L'ispiratrice del Dante fu...?* — ela repetiu a pergunta.

— ???

Como eu não respondesse, a paciente professora resolveu inverter a pergunta, tentando me ajudar:

— *Beatrice fu l'ispiratrice del... del...?*

Segundo a versão infamante que Yonne espalhava, nem assim eu consegui acertar, o que não me impediu de passar de ano.

A verdade é que, enclausurado no oitavo andar, eu não sabia o que acontecia nem nos outros cursos. Basta dizer que durante quatro anos convivi no mesmo prédio com minha futura mulher e não cheguei a conhecê-la, embora ela fosse uma notória militante política, membro da Juventude do Partido Comunista, que recrutava alunos em quase todos os cursos e mantinha uma célula que, dez anos mais tarde, por denúncia do diretor Eremildo Viana, famoso dedo-duro da época, seria alvo de inquéritos policiais, expulsões e muitas prisões de estudantes e professores, comunistas ou não.

No dia 25 de agosto de 1954, por exemplo, a morte de Getúlio Vargas chegou para mim lá em cima como chegaria para uma criança num dia de prova: não como impacto, mas como alívio, já que, com o feriado, seríamos certamente dispensados de entregar os trabalhos pedidos.

A comoção tomando conta do povo, a turbulência varrendo as ruas, uma guerra civil a ponto de eclodir, a "Era Vargas" encerrando-se tragicamente e eu preocupado com "os trabalhos". Vivíamos uma das piores crises políticas da República, o país à beira do caos, sem futuro previsível, e o que me mobilizava era não a vida, mas a literatura: Camões, Dante, Cervantes. Afinal, Getúlio não constava da bibliografia dada no curso.

Quase como castigo do destino, dois anos depois eu iria trabalhar no jornal de Carlos Lacerda, o inimigo mortal de Vargas (e nunca esse adjetivo foi tão próprio). Getúlio Vargas escreveu na sua carta-testamento que saía da vida para entrar na História. Também na minha história ele só entrou depois que saiu da vida.

Servindo como refúgio para meus desassossegos lá de fora, mas sobretudo pelas descobertas e fruições estéticas que me oferecia, a FNFi representou uma experiência que me valeu para sempre. Alguns de meus encontros essenciais, de meus alumbramentos literários se deram naquele último andar do prédio do atual consulado italiano no Rio. Ali fui aluno de Cleonice Berardinelli, José Carlos Lisboa, Manuel Bandeira, Alceu Amoroso Lima, Celso Cunha, Roberto Alvim Correa, Thiers Martins Moreira, Maria Arminda Falabella, Bela Josef, enfim, uma seleção de catedráticos e assistentes como acho que nunca mais se formou outra igual.

O mais famoso deles, não tanto pelo magistério e mais pela poesia, era evidentemente Manuel Bandeira, professor de literatura hispano-americana. Com 68 anos, membro da Academia Brasileira de Letras e com a maior parte de sua obra publicada, inclusive o *Itinerário de Pasárgada*, de memórias, que acabara de sair, ele já era um dos principais poetas em língua portuguesa e um ícone da cultura nacional.

Míope e dentuço, ainda assim vaidoso — gostava de "ser fotografado, traduzido, musicado", como confessava —, Bandeira, com seu constante pigarro, não constituía por si só uma atração numa sala de aula. O que era originalidade na sua poesia — a falta de solenidade, "o gosto humilde da tristeza", como dizia, o jeito espontâneo de transformar em poema seu cotidiano, sua família, seus amigos — nem sempre ajudava o professor, que competia no mesmo elenco com "atores" como Alceu, Lisboa e Cleonice, que faziam de suas aulas na FNFi espetáculos de expressão verbal e corporal. Uma forma fascinante envolvendo um conteúdo denso e profundo.

Um de meus momentos inesquecíveis dessa época se deu quando Bandeira convidou por acaso, meio aleatoriamente, uns cinco alunos para atravessar a rua e subir com ele até o apartamento 806 do edifício São Miguel, na avenida Beira-Mar, 406, na Esplanada do Castelo, para onde se mudara logo depois de ser nomeado catedrático em 1943. Era um fim de tarde e as janelas semicerradas não deixavam entrar muita luz, dando ao ambiente um ar que me pareceu meio religioso, talvez pela reverência que lhe devotávamos.

Não guardei muito do que ele disse. Lembro-me vagamente de ter brincado com o fato de eu ser o único homem ali do grupo e de ter se referido a um antigo professor, o filólogo João Ribeiro, que gostava de conversar com os alunos, assim como ele estava fazendo. Não deixou de notar a coincidência de que meu sobrenome designava a rua em que ele nascera no Recife, rua da Ventura, e qualquer coisa como uma "descoincidência", ao lhe informar que viera de Nova Friburgo. Na sua incessante busca por climas serranos para curar sua tuberculose, ele poderia ter escolhido a cidade onde eu fora criado, mas preferiu Teresópolis.

Enquanto o ouvia, passeava os olhos por aquele pequeno e ascético apartamento onde a única riqueza — mas que riqueza!

— era sua biblioteca, sonho e cobiça de todos nós. Quantos mil volumes? Não tive coragem de saber nem fiz também a pergunta que estudantes me fazem hoje diante de minha bem mais modesta biblioteca: "Já leu todos?".

Morando sozinho sem nunca ter se casado, ele poderia ser considerado um "solteirão de hábitos estranhos", como então se costumava dizer de alguém com alguma tendência homossexual, se seus amigos não testemunhassem sua inequívoca predileção pelas mulheres. Só não gostava do casamento. Muitos anos mais tarde, eu iria ler uma entrevista de Rachel de Queiroz confirmando a fama de que seu amigo "inspirava paixões" e era namorador: "As moças o adoravam. Agarravam Manuel, beijavam".

Dessa época herdei uma raridade — quem sabe não foi dessa visita mesmo? Não sei, acho que não, talvez, não tenho certeza de como veio parar em minhas mãos. O fato é que guardei do poeta um despudorado soneto erótico, "A cópula", cujos versos deixariam corado o Drummond de "Amor natural":

Depois de lhe beijar meticulosamente
o cu, que é uma pimenta, a boceta, que é um doce,
o moço exibe à moça a bagagem que trouxe:
culhões e membro, um membro enorme e turgescente.

Ela toma-o na boca e morde-o. Incontinente,
Não pode ele conter-se, e, de um jacto, esporrou-se.
Não desarmou porém. Antes, mais rijo, alteou-se
E fodeu-a. Ela geme, ela peida, ela sente

Que vai morrer: — "Eu morro! Ai, não queres que eu morra?!"
Grita para o rapaz que aceso como um diabo,
arde em cio e tesão na amorosa gangorra

E titilando-a nos mamilos e no rabo
(que depois irá ter sua ração de porra),
lhe enfia cona a dentro o mangalho até o cabo.

Dona Cleonice, ou a "divina Cleo", cujos encantos e graça despertavam nos rapazes platônicas e inconfessáveis paixões, era a nossa musa. A voz cristalina e segura de quem, na juventude, interpretara no palco peças do dramaturgo quinhentista Gil Vicente, seu charme e saber eram a demonstração de como a inteligência podia ser alegre e a erudição, agradável. Graças a ela, passei a entender *Os Lusíadas* e a descobrir Fernando Pessoa, sobre quem já tinha escrito importantes trabalhos, inclusive uma monumental edição crítica do heterônimo Álvaro de Campos.

Quando entrei para a faculdade, detestava a épica de Camões, que, no secundário (como se chamava antigamente o ensino médio), só servia para fazer com ele as terríveis "análises lógicas". Obrigavam-nos a deixar de lado a beleza daqueles versos para ficar procurando o sujeito, o predicado, os objetos direto e indireto de trechos do poema. Gastávamos um precioso tempo de nossa adolescência fuçando frases para encontrar um sujeito oculto ou o alvo direto ou indireto de uma ação, como se procurássemos um objeto perdido no lixo. Conclusão: *Os Lusíadas* eram uma grande chatice, até aparecer Cleonice como professora.

Se ela era a musa dos rapazes, o ídolo das moças era José Carlos Lisboa, o catedrático de língua e literatura espanhola. A Espanha talvez não saiba o quanto deve a esse professor, que formou dezenas de gerações de docentes e divulgou a cultura espanhola no Brasil. Era tão bom professor, tinha tanto carisma, que conseguia operar um milagre: mesmo os alunos que jamais tinham pensado em estudar essa matéria, como foi o meu caso, acabavam se apaixonando pela cultura e pela história da terra de Lorca.

Aliás, era por intermédio de Federico García Lorca que ele seduzia e fazia a cabeça de seus alunos. O ponto culminante do curso acontecia quando o professor dividia a turma para dramatizar o "Llanto por Ignacio Sanchez Mejías", talvez o mais trágico poema de Lorca, em que ele chora a morte do toureiro seu amigo. Sabia-se de cor os versos mais conhecidos — "*A las cinco de la tarde. Eran las cinco en punto de la tarde*" — e também trechos inteiros: "*las madres terribles levantaran la cabeza/ y a través de las ganaderías/ hubo un aire de voces secretas/ que gritaban a toros celestes, mayorales de pálida niebla*".

José Carlos Lisboa não chegou a conhecer a sua segunda pátria. Era um dos maiores especialistas em cultura hispânica e recusava-se a pôr os pés lá enquanto o país estivesse sob a ditadura franquista (1939-75): "A Espanha de Franco, não!", dizia, repetindo Manuel Bandeira: "Espanha da liberdade,/ Não a Espanha da opressão. Espanha republicana: A Espanha de Franco, não!". Nós nos interessávamos mais pela política de lá do que a daqui.

Sua confraria de alunos, "os meus sobrinhos", frequentava seu apartamento na rua Voluntários da Pátria, em Botafogo, sem aviso prévio, em geral no fim de semana. Nunca perguntávamos se podíamos ou não ir, íamos.

Hoje, ao me lembrar do trabalho doméstico que essas visitas deviam dar, em termos de bebida e comida, me pergunto como ele e sua mulher, Terezinha, suportavam com paciência e hospitalidade tamanha invasão de privacidade. Quando já formado e comecei a namorar minha mulher, a primeira casa em que a levei foi a do "professor Lisboa", como todos o tratávamos, mesmo quando ele nos dava intimidade.

Celso Cunha, de quem eu, ainda estudante, seria assistente na cadeira de língua portuguesa do curso de jornalismo da própria FNFi, era tudo o que o saber universitário conhecia dele no Brasil e em Portugal — grande medievalista, extraordinário filólogo, doutor em cancioneiros medievais —, mas também um boêmio que gostava de trocar o dia pela noite em alegres libações etílicas. Amigo de compositores populares, foi ele quem intercedeu junto ao Itamaraty para que Ataulfo Alves e suas pastoras se apresentassem pela primeira vez na Europa.

Quando em 1982 completou 65 anos, um grupo de sambistas liderados por Wilson Moreira e Nei Lopes organizou "O pagode do Celso" em sua casa. Foi o melhor presente que recebeu. Ao ouvir Nei cantar o samba que dizia "Ainda é madrugada/ deixa clarear/ deixa o sol vir bordar os cabelos da aurora", Celso não se conteve: "Meus filhos, isso aí é a cena do balcão de Shakespeare".

Uma noite, ao terminar uma conferência em Porto Alegre, perguntaram o que Celso Cunha gostaria de fazer. Resposta: "Conhecer Lupicínio Rodrigues". Acabaram a noite na casa do autor de "Nervos de aço". Além dessa paixão pela música popular, Celso alimentava outra, pelo Jockey Club, onde chegou a ter dois cavalos. Costumava apostar. Poucas vezes conheci alguém que estabelecesse tão bem a ponte entre o erudito e o popular, na obra e na vida.

O meu feito mais notável como aluno do curso de letras, com certeza o único, foi ter merecido um raro "dez *cum laude*" de Alceu Amoroso Lima por um trabalho intitulado "O tempo em Machado de Assis". Catedrático de literatura brasileira, simpático e generoso, mas distante, quase inacessível por causa do saber e da aura, o "dr. Alceu" não era um professor, mas um orador, uma figura monumental — não dava aulas; proferia magníficas conferências.

Quando soube por colegas que, ao anunciar minha nota, ele acrescentara o comentário "esse rapaz vai ser um escritor" — e eu não estava na sala, tinha matado aula! —, incorporei o elogio à minha insignificante lista de títulos acadêmicos. Mais de vinte anos depois, eu promoveria as pazes de Alceu Amoroso Lima com Nelson Rodrigues (página 129).

Na FNFi conheci também a pessoa que ia mudar o rumo de minha vida profissional. Como se verá a seguir.

O vírus do jornalismo

Ele se chamava Hélcio Martins. Morreu aos 36 anos de uma doença rara sobre a qual não gostava de falar: um tipo de aplasia ou imperfeição medular que levava o organismo a cessar a produção de glóbulos vermelhos. Sempre precoce, começou a lecionar antes mesmo de terminar o curso. Segundo seus professores, não só possuía uma inteligência extraordinária como era dotado de algumas características de gênio, inclusive um temperamento difícil.

Quando entrei para a faculdade, em 1954, ainda ouvi os ecos do seu doutoramento, defendendo a tese "Pedro Salinas — ensaio sobre sua poesia amorosa". Era um trabalho pioneiro sobre o poeta e crítico espanhol, morto em 1951, aos 59 anos, e pouco conhecido no Brasil. Ficou lendário o atrito de Hélcio com Manuel Bandeira, membro da banca examinadora. Sem restrições sérias ao trabalho apresentado, mas precisando arguir o candidato por dever do ofício e por um gostinho de provocação, o poeta passou a implicar com pequenas questões de forma, num acesso de purismo impertinente e inadequado, que não combinava com ele, tão insubmisso.

Quando se exaltava, Hélcio perdia o controle. Por isso, muitos dos que assistiam ao exame começaram a ficar preocupados com o seu estado crescente de irritação à medida que Bandeira apertava o cerco. Esperaram pelo pior: uma desfeita, uma explosão, a desistência do exame. Mas, em vez disso, ele começou a fazer um discurso em voz alta e contida:

"Estou farto", começou, encarando o examinador e deixando a plateia em suspense. "Estou farto", repetiu, "do lirismo comedido, do lirismo bem-comportado, do lirismo funcionário público com livro de ponto, expediente, protocolo e manifestações de apreço ao sr. diretor. Estou farto do lirismo que para e vai averiguar no dicionário o cunho vernáculo de um vocábulo. Abaixo os puristas. Não quero mais saber do lirismo que não é libertação."

Muitos ali na sala conheciam aquele texto, a começar por Manuel Bandeira. Sim, porque se tratava de uma citação com a qual o candidato dava uma resposta malcriada, mas engraçada, à banca. Eram os primeiros versos de "Poética", uma espécie de manifesto libertário que Bandeira incluiu no seu livro *Libertinagem*. Pode-se imaginar a cara ao mesmo tempo sem jeito, divertida e satisfeita do examinador.

Magro e feio, com uma testa que ia até quase o alto da cabeça, Hélcio era agressivo, com um olho sempre discordando do outro, por ser estrábico. Se fosse solto numa praia da moda, como então era Copacabana, provavelmente não despertaria o menor interesse feminino. Mas em ambientes intelectuais, numa faculdade, por exemplo, o seu fascínio se tornava irresistível — um sedutor, mesmo sem querer ou sem fazer esforço. Conheci algumas jovens que se apaixonaram ou se encantaram por ele na primeira conversa.

Ciumento e possessivo, Hélcio logo me adotou, achando que eu devia ter algum futuro. Cuidava de mim intelectualmente, me orientava, me indicava livros, me abriu portas do conhecimento.

Em troca, exigia muito. Me custava um grande esforço cumprir suas determinações, muitas vezes peremptórias. Uma noite, exausto, tive que ouvir discos de Caymmi com ele até as seis da manhã, para aprender que, além de compositor, ele era um grande poeta. Foi uma memorável aula de estilística que, no entanto, teria sido mais bem aproveitada se o aluno estivesse com menos sono.

Mas esses argumentos não o convenciam. Muito exigente consigo mesmo, achava natural escrever uma tese dentro da banheira, com uma tábua atravessada servindo de mesa. Por razões que certamente tinham a ver com uma crise no casamento, era o único lugar do pequeno apartamento onde podia permanecer com a luz acesa.

Eu estava no último ano do curso quando Hélcio, sabendo de minhas dificuldades financeiras, me comunicou, bem à sua maneira, sem consultar, que tinha arranjado um emprego para mim. Eu ia trabalhar no arquivo da *Tribuna da Imprensa*, do qual era o chefe. O horário seria das seis da tarde à meia-noite — muito conveniente para quem tinha o dia todo tomado. A função era simples: ser o arquivista encarregado de recortar os jornais, abrir pastas de recortes, separar as fotografias e atender aos repórteres e redatores: "Me dê a pasta do JK", pedia Murilo Melo Filho, que assinava uma importante coluna de política. "Me vê as fotos do Getúlio", encomendava o poeta Lêdo Ivo, que era do copidesque. Nas horas vagas, que eram muitas, o arquivista podia ler e fazer os trabalhos de faculdade.

Não queria outra vida, até que Hélcio, como se estivesse sugerindo, ordenou: "Você precisa escrever para jornal. Não há nada melhor para o estilo". Ele alegava com razão que esse exercício possibilitava um uso mais econômico e racional das palavras. Aprendia-se que os adjetivos e advérbios, isto é, os atributos e as circunstâncias, deviam ceder lugar ao substantivo e ao verbo, ou seja, ao sujeito e à ação, estes, sim, elementos fundamentais de uma história, fosse um fait divers ou uma tragédia shakespeariana.

Em meados dos anos 1950, o *Diário Carioca*, seguido pela *Tribuna da Imprensa*, estava iniciando um processo de atualização da escrita jornalística que, alguns anos depois, o *Jornal do Brasil*, sob o comando de Odilo Costa, filho, transformaria numa lendária reforma. Incorporando conquistas da Semana de Arte Moderna, como a informalidade e o coloquial, esse movimento de modernização tinha como objetivo expurgar a linguagem jornalística da retórica e da solenidade. A síntese da transformação era o lead, uma técnica que o jornalista Pompeu de Sousa trouxera dos Estados Unidos logo após a Segunda Guerra e que consistia em responder, já no primeiro parágrafo de uma notícia, às principais perguntas que supostamente o leitor fazia: quem, o quê, onde, quando, como e por quê?

Por um misterioso sincronismo histórico, desses que fazem coincidir no tempo personagens e acontecimentos, tendências e gostos, modas e costumes, o que se passava ou ia se passar na imprensa carioca correspondia ao que estava acontecendo em outras áreas — na música, no cinema, no teatro, na arquitetura, no desenho industrial e mesmo no futebol. No período que vai até a queda de João Goulart, em 1964, o país fervilhava de inquietação em todos os campos da criação.

Superados aqueles momentos de depressão que se seguiram ao suicídio de Vargas, em que o país se libertou traumaticamente da figura paterna — do "pai dos pobres" —, abriram-se as portas de um tempo de confiança e ousadia: a Era JK, a dos Anos Dourados. A visão otimista dessa época não foi imposta, como seria mais tarde durante o regime militar, mas transmitida por contágio pelo próprio Juscelino — por seu dinamismo, seu temperamento afável, alegre e generoso.

A reforma do *Jornal do Brasil*, condensando as experiências anteriores, foi para a imprensa o que a bossa nova foi para a música; o que o cinema novo significou para a indústria cinematográfica; o Arena para o teatro; Brasília para a arquitetura; e a seleção campeã de 1958 para o futebol. Foi um momento fundador, quando o mundo descobria um novo Brasil — de Oscar Niemeyer, Tom Jobim, Pelé, Garrincha, Glauber Rocha — e esse Brasil descobria que tinha algo a ensinar ao mundo.

Eu concordava com Hélcio, reconhecia as vantagens da nova técnica para o estilo de qualquer um, mas, como não pensava em ser escritor ou jornalista, apesar da previsão do dr. Alceu — estava me formando para ser professor —, não tinha por que aceitar o seu conselho: eu não precisava aprender a escrever para jornal. Continuei no meu canto lá em cima, na "Torrinha", tendo como vizinho Ely Azeredo ensinando crítica de cinema a dois jovens — ao futuro crítico Sérgio Augusto e ao futuro cineasta Walter Lima Jr. (*Menino de engenho*, *A ostra e o vento*).

Meu amigo continuava insistindo. Relutante e sem deixar o arquivo, cheguei a cometer algumas incursões na reportagem, como uma história piegas de dois cães, Romeu e Julieta, parodiando ridiculamente a tragédia shakespeariana. Luiz Garcia, futuro editor-chefe das revistas *Visão* e *Veja* e colunista do jornal *O Globo*, a quem devo alguns dos melhores ensinamentos da época, tem outra versão. Segundo ele, Lúcio Nunes, que era chefe de reportagem, foi quem me "descobriu".

De qualquer maneira, a grande virada aconteceu quando eu, já formado e dando aulas no ensino médio, passava pela redação no instante em que o diretor-proprietário do jornal, Carlos Lacerda, recebia a notícia da morte de Albert Camus e perguntava se havia alguém que pudesse escrever um artigo sobre o escritor francês nascido na Argélia. Eu estava ao lado e, como ninguém respondesse, levantei o dedo: "Eu".

Não sei onde fui buscar tanta ousadia — acho que certamente na paixão que tinha pelo autor de *A peste*, um de meus escritores preferidos na faculdade. Se Lacerda não gostasse do texto, isso poderia custar até uma demissão. E nunca se sabia muito bem o que ele queria. Era temido não apenas pelos seus adversários políticos, mas também dentro do jornal, pela intolerância para com os erros e pelas broncas que dava. Eu estava me candidatando no mínimo a receber uma em voz alta no meio da redação. "Quem foi o idiota que escreveu isso?"

Ele não sabia quem eu era nem se interessou em saber. Simplesmente mandou que fizesse o texto. E tinha que ser rápido porque era para sair no dia seguinte. Assim, em 5 de janeiro de 1960, na página nobre do jornal, no lugar em que o próprio Lacerda costumava escrever, aparecia o artigo "Camus, o humanista", assinado por um obscuro Zuenir Carlos Ventura.

Começava cheio de pretensão:

> Nos entrechoques de ideias que sacudiram essa metade de século e na dramática insurreição de niilismo que caracteriza a nossa civilização, nenhum escritor desempenhou papel tão decisivo e consequente como Albert Camus, que morreu ontem, aos 46 anos, deixando uma obra que é a mais eloquente afirmação em nossos tempos da natureza espiritual do Homem.

E terminava da mesma maneira: "[...] é por tudo isto que Albert Camus pode ser considerado como o mais importante escritor de sua tão ilustre geração".

Estava feita a vontade de Hélcio. No mesmo dia da publicação, virei jornalista, porque passou a circular nos corredores do jornal a versão de que "o contínuo do arquivo é um gênio". Não era evidentemente nem uma coisa nem outra, mas graças à lenda fui chamado para "descer para a redação". O argumento usado era irresistível: mudava de categoria na carteira de trabalho e no bolso: deixava de ganhar 4 mil cruzeiros por mês como "auxiliar de escritório" para receber 7500 como "noticiarista" e logo em seguida 10 mil como "redator". Hélcio tinha se esquecido de me avisar que, além de melhorar o estilo, escrever rendia mais do que arquivar recortes.

Foi, portanto, sem vocação aparente e por acaso que comecei uma carreira que acabou sendo para mim uma segunda natureza. Por isso, não acho grave quando um jovem de vinte anos se angustia: "Não encontrei ainda minha vocação". No meu caso, pelo menos, não nasci com ela; peguei como se pega um vírus, e bem tarde.

Paris, onde tudo acontecia

EM VOLTA DO UMBIGO FEMININO

A primeira crônica a gente às vezes esquece. Fui me lembrar da minha mais de quarenta anos depois que ela saiu publicada em dezembro de 1961 na lendária revista *Senhor*, então dirigida por Odilo Costa, filho. Chamava-se "Como não ser provinciano em Saint-Tropez" e contava a experiência de um dia de verão na então mais divertida praia da Europa, *point* de Brigitte Bardot, Roger Vadim, Françoise Sagan, entre outras celebridades. Na mesma edição, podia-se ler o conto "Teoria do consumo conspícuo — Nunca tire a máscara", de um misterioso JRF, que se negava a revelar sua identidade. Na apresentação dos colaboradores, o editor justificava: "JRF prefere ficar incógnito".

Mais tarde se soube que se tratava da estreia do maior contista brasileiro, [José] Rubem Fonseca. Muitos anos e obras depois, ele me confessou que queria usar pseudônimo, mas não lhe ocorreu nenhum: "Hoje eu usaria Joaquim Araújo ou coisa parecida". A solução que encontrou já no primeiro livro foi tirar o José do nome e assinar Rubem Fonseca, na ilusão de que os que o conheciam como José Rubem não iriam descobrir que era a mesma pessoa.

Ele invejava o também recluso escritor americano Thomas Pynchon, seu amigo, "que ninguém conhece, nem sabe onde mora". Esse era o sonho de privacidade que JRF sempre alimentou, conforme me confidenciou: "Lembro-me de nós dois almoçando, ou conversando no lobby do hotel, ou passeando em Manhattan, um monte de pessoas cruzando com a gente e ninguém tendo a menor ideia de quem era. O sortudo só tem um retrato circulando, de quando tinha catorze anos".

Por outras razões e sem cancelar o primeiro nome, também tentei inutilmente fazer com que o segundo, Carlos, permanecesse; queria evitar uma confusão de gêneros que me perseguiu a vida toda: "Quero falar com dona Zuenir", me dizem frequentemente ao telefone e eu, irritado, respondo: "É ela mesma que está falando". Ou então: "O senhor me desculpe, mas só posso entregar o documento à própria dona Zuenir".

De Paris, onde eu estava como bolsista do governo francês e correspondente da *Tribuna da Imprensa*, enviava minhas matérias assinadas "Zuenir Carlos Ventura". Mas não pegou. A única pessoa que me chamou na vida de Carlos ("Carlo") foi uma namorada grega, que só por isso pensei em trazer para o Brasil. Era delicioso ouvi-la pronunciar "Carlo" com sotaque de Melina Mercouri no auge do sucesso de *Zorba, o grego*.

Andavam por lá nessa época o cineasta Joaquim Pedro de Andrade, o ator Antônio Pedro e os arquitetos Cláudio Cavalcanti, Jorge Laclette e Ítalo Campofiorito, dos quais me tornei amigo. Éramos inseparáveis nas visitas a museus, nos almoços de fim de semana na Île Saint-Louis, nas discussões e nas farras. Mais cultos, cosmopolitas e informados, a essa turma devo minha iniciação cultural na cidade.

Quando no verão alguns deles resolveram descer até o sul de carro, atrás de "aventura e maresia", me convidaram para ir junto. O inverno rigoroso de dias cinzentos e céu pesado deixara em nós uma necessidade imperiosa de reencontrar o mar, e essa saudade se manifestava sobretudo pelo olfato, mais do que por outro sentido. Até hoje me lembro de que o cheiro do mar nos alcançou centenas de quilômetros antes de chegarmos lá. Já a prometida aventura veio depois, graças a uma amiga de todos, Suzana de Moraes, filha do poeta Vinicius, minha ex-aluna do Colégio Mello e Souza. Casada com o diplomata Rodolfo Souza Dantas, ela morava em Cassis, perto de Marselha, e se dispôs a nos acolher.

Havia nessa bela *villa* de três andares, além de Suzana, sua amiga inglesa Audrey, de olhos de Charlotte Rampling pelos quais me apaixonei, e a babá de seu filho Tuca, uma francesinha tão bonita quanto atirada. Discretamente, gostava de passar em revista os visitantes da casa. Aqueles quatro cavaleiros sem qualquer desconfiômetro — Joaquim, Laclette, Antônio Pedro e eu — permaneceríamos ali até hoje, se depois de algumas semanas Suzana não tivesse tido o bom senso de sugerir nossa retirada definitiva.

Antes que isso acontecesse, fomos todos em caravana ver o que estava acontecendo em Saint-Tropez, que ficava perto e onde se dizia que a licenciosidade de costumes lembrava o clima de *La dolce vita*, o filme de Fellini vencedor do Festival de Cannes do ano anterior. Era o território da perdição. Vivia-se naquele pequeno porto medieval francês o início de uma revolução na moda feminina e caberia a mim a sorte de surpreender o exato momento em que as mulheres baixaram a cintura das saias e das calças.

Agora pode fazer rir, mas na época constituiu um fenômeno arrojado, assim descrito em minha crônica:

Há alguns meses ninguém teria coragem de usar bolero de *broderie* inglesa, nem calça de pano de colchão. Hoje, a última moda é o tal bolero que cai diante dos seios como cortina, deixando vinte centímetros de barriga de fora, dos quais dez centímetros abaixo do umbigo.

Graças a essa moda, logo chamada de *saint-tropez*, o principal personagem do verão tropeziano e da minha crônica foi um pequeno ponto do corpo feminino até então pouco valorizado: o umbigo.

"O umbigo, ah, o umbigo!", escrevi, deslumbrado. "Nada mais sensacional para a estação que um umbigo, 'esta pequenina joia', como já cantam poetas seresteiros de Saint-Tropez." A moda parecia ter sido inventada para provar a variedade de forma desse detalhe anatômico, no fundo quase uma cicatriz.

Como não podia deixar de ser, surgiu logo um concurso para escolher a Miss Umbigo, e com ele a necessidade de uma estética umbilical. "Qual o padrão ideal de beleza para o umbigo?", eu perguntava. "O barroco, retorcido, verdadeiro labirinto de espirais, rico, volumoso, heroico? Ou o clássico, redondo, profundo, misterioso? Ou ainda o umbigo em relevo, saliente, herniado?"

Outros hábitos curiosos também escandalizavam forasteiros provincianos. "Andar descalça, de pés sujos, é o último requinte da moda feminina. As mais caprichosas carregam mesmo nos pés uma crosta que varia segundo o tempo em que estão em Saint-Tropez. Não há qualquer indiscrição em dizer a uma moça, olhando-lhe os pés: 'Puxa, fulana, você já está há um mês aqui!'. Ela ficará até satisfeita de ver que você tem bastante sensibilidade."

Relendo agora essa crônica, percebo o quanto nós e a época éramos inocentes. O casalzinho dançando nu às três da manhã no porto, a menina de dezessete anos servindo cerveja no seu "minúsculo porta-seios", carros a 120 km/h jogando fora peças femininas, os *blousons-noirs* fazendo pipi do alto das janelas — eles cometiam essas estripulias juvenis, e todos, eles e nós, acreditávamos estar diante de perversas transgressões.

DE GAULLE E SEUS MOMENTOS

Mas a França não era só uma festa. A guerra da Argélia pela independência, que ia completar sete anos, intensificava-se com a entrada em ação de um grupo terrorista de direita responsável por uma série de atentados a bomba. Usando *plastic*, uma espécie de goma de mascar com pavio que podia ser colada facilmente em qualquer lugar, a OAS (Organização do Exército Secreto) espalhava o medo pelo país.

Eu chegara a Paris no outono do ano anterior, 1960, e não poderia ter escolhido estação melhor para descobrir uma cidade que já trazia comigo em forma de canções, de prosa e versos; bastava agora comparar expectativa e realidade. Depois de uma viagem de 23 horas, deixei as malas na Casa do Brasil, na Cidade Universitária, onde residiria, e fui flanar por Saint-Germain-des-Prés, da maneira como tinha lido nos livros e ouvido nas músicas.

Até hoje, ainda consigo recuperar, pela memória dos sentidos, o que experimentei no meu primeiro dia de Paris: o vento frio do outono batendo no rosto, o som dos meus passos sobre as folhas mortas douradas no chão, o gosto do vinho tinto. "Les Feuilles mortes", de Prévert e Kosma, na voz de Yves Montand, foi a trilha sonora que me acompanhou nesse passeio inicial por entre *souvenirs*, *regrets* e *oublis*. Passei pela porta do Café de Flore sem entrar e fui me embriagar de *rouge* e de uma doce melancolia no Deux Magots, numa mesa que poderia ser a mesma em que sentaram um dia Jean-Paul Sartre, Simone de Beauvoir, Camus, Picasso ou Paul Éluard.

Um cartaz anunciava o filme *À bout de souffle* (*Acossado*), de Jean-Luc Godard, com Jean-Paul Belmondo e Jean Seberg (tive que ver mais de uma vez, não para entender, mas para absorver o impacto que causou em mim). Rodado fora de estúdio, no exterior, em meio ao burburinho da rua, acumulando referências e citações (Belmondo, por exemplo, repetia gestos de Humphrey Bogart), o filme tinha um frescor de linguagem e de estilo como eu não me lembrava de ter visto antes nas telas. Saí do cinema imitando sem sentir a maneira de Belmondo prender o cigarro na boca, e no dia seguinte desci a avenida dos Champs-Élysées para ver se encontrava Jean Seberg gritando com aquele seu delicioso jeitinho de vender jornal: "*New York Herald Tribune!*".

Paris fervilhava política e culturalmente. Acabara de ser lançado com grande repercussão o Manifesto dos 121, um documento assinado pelos maiores intelectuais franceses condenando a guerra e conclamando a população da metrópole a apoiar a independência argelina. Sabia-se que era uma questão de tempo. O general De Gaulle, o herói da resistência à invasão nazista durante a Segunda Guerra que se tornara presidente em 1958, já declarara que a Argélia era dos argelinos. Só que os generais de direita, os ultras, não queriam entregá-la e comandavam a reação dos *pieds-noirs*, os colonos que se sentiam donos daquele país do norte da África por estarem lá havia mais de cem anos.

Para os nacionalistas argelinos, o manifesto teve um papel fundamental, mostrando que existiam franceses do seu lado. Ben Bella, líder da insurreição, ficou especialmente tocado: "O povo francês também é um grande povo", ele disse. Vítima do primeiro sequestro aéreo da história, quando a aviação militar francesa obrigou o avião civil que o transportava a desviar-se da rota, Ahmed Ben Bella tornou-se uma lenda. Permaneceu preso até 1962 e saiu para ser presidente da Argélia livre.

Outro acontecimento político-cultural mobilizava a França naquele momento: o livro *A questão*, de Henri Alleg, com prefácio de Jean-Paul Sartre. Proibido desde 1958, ao ser publicado, estava sendo relançado com grande repercussão. O autor, um jornalista comunista que dirigira o diário *Alger Republicain*, relatava os horrores que ele e outros prisioneiros haviam sofrido nas mãos de oficiais franceses. De repente, a terra dos direitos humanos e da Resistência se dava conta de que seu exército torturava barbaramente, usando até métodos nazistas. Foi minha primeira compra na livraria das Éditions Minuit, em Saint-Michel.

Para mim, um provinciano, tudo era novidade e excitação. Profissionalmente, o ano que passei na França, de outubro de 1960 a novembro de 1961, talvez tenha sido o mais rico em vivência e aprendizado. Começava naquele momento um dos capítulos mais dramáticos e contraditórios da história da humanidade, uma década que iria mudar muita coisa no mundo e em nós — nosso modo de vestir e de amar, ideias, mitos e valores, crenças e incredulidades. Seriam tempos de guerra e de luta pela paz, de amor e ódio, de opulência e miséria, de ecumenismo e lutas religiosas, de explosão demográfica e de pílula, de repressão e libertação, de homo e heterossexualidade, dos cabelos longos e curtos, da mini e da maxissaia, do sim e do não e do sim ao não. Tempos, em suma, de coexistência dos contrários.

Eu estudava no Centre de Formation des Journalistes, um estabelecimento de ensino superior ligado às empresas, e tinha como colegas dezessete africanos de alguns dos dezenove países que acabavam de conquistar sua independência: Costa do Marfim, Camarões, Togo, Alto Volta. Eles admiravam "Le Brésil de Pelê e Garrinchá" e sonhavam em conhecer as cariocas, que por certo lhes cairiam em cima assim que chegassem ao Rio de Janeiro — essa era a fantasia. "*Ah, Vantiurrá, ah, les brésiliennes!*", suspirava um deles, pronunciando meu sobrenome de maneira inimitável. Nunca mais nos vimos. Mas a Guerra da Argélia, o convívio com esses negros africanos, o drama de seus países me fizeram trocar o esteticismo e o descompromisso pela preocupação social.

Na Casa do Brasil, uma confortável construção de Lúcio Costa, eu ocupava o apartamento 309 e tinha como vizinho, no 306, Joaquim Pedro, que ainda não era o importante diretor de *Macunaíma* e *O padre e a moça*, mas já tinha feito três insuperáveis documentários: *O poeta do castelo*, sobre Manuel Bandeira, *O mestre de Apipucos*, sobre Gilberto Freyre, e *Couro de gato*, episódio de *Cinco vezes favela*. Mais adiante morava Luís Edgar de Andrade, correspondente do *Jornal do Brasil*. No andar dos casados, Maribel e João Portinari, ela jornalista e ele físico, filho do grande pintor. O pianista Arthur Moreira Lima às vezes passava por lá. Juscelino Kubitschek chegou a fazer uma conferência em francês para os residentes da Casa, e há quem se pergunte até hoje o que ele quis dizer com uma enfática afirmação: "*Brasília est une chose tremende*".

Pelo menos umas duas vezes fui acordado por explosões de bombas ali mesmo na Cité Universitaire, tendo que ir correndo fazer a cobertura, eu e minha Rolleiflex. Em comparação com o que o terrorismo iria se tornar décadas mais tarde, aqueles atentados pareciam ações amadorísticas. Mas, na época, criaram uma justificada paranoia. Frequentemente saía-se às pressas de um cinema ou do metrô, esvaziados por causa das ameaças de bomba.

O general Charles de Gaulle, herói militar dos anos 1940, seria o herói político desses novos tempos de crise. Num século tão pródigo em estadistas como Winston Churchill e Roosevelt, ele iria ser um dos maiores. Assisti a algumas de suas entrevistas coletivas no Palácio dos Élysées. Grande, litúrgico e imperial, ele tinha uma "certa ideia da França" que misturava o país e ele numa entidade só. Guardei dessa época duas frases dele. Uma dá ideia do seu humor — "Como se pode governar um país que tem 246 espécies de queijo?" — e outra o define, considerando que a soberba era atributo natural de sua personalidade: "A História tem seus momentos, e eu sou um deles".

Na verdade, ele teve vários momentos. Nos primeiros meses de 1961, por exemplo, foi mais uma vez o salvador da pátria, como já fora três anos antes, ao ser levado ao poder para desenvolver uma política de integração da Argélia à França, mas que acabou por promover a independência da então colônia. Em consequência, teve que enfrentar uma dupla e contraditória oposição. De um lado, o grupo colonialista da "Argélia francesa", que se sentia traído. De outro, os comunistas, que só viam como caminho a negociação com a FNL, a Frente de Libertação Nacional.

Quando resolveu submeter seu projeto a um referendo popular, o resultado lhe foi amplamente favorável. Seu passado histórico e sua mística de guia transformavam-no, aos olhos do povo, num predestinado, no único homem capaz de mudar o regime e restabelecer a paz na Argélia.

Mas a reação da ultradireita se fez sentir logo. Em abril de 1961, uma séria ameaça de golpe me levou a escrever uma longa matéria para a *Tribuna da Imprensa* intitulada "Os quatro dias que abalaram Paris". Começava assim:

> Seis meses antes de completar três anos, a V República escapou de ter o mesmo fim de sua predecessora de treze anos, como já havia escapado em janeiro de 1960. Em três anos, três *putsches* com os mesmos personagens, lutando no mesmo lugar por um mesmo fim: uma França de Dunquerque ao extremo sul da Argélia.

A ameaça de invasão da capital pelos revoltosos e a iminência de uma guerra civil provocaram uma mobilização popular como eu só veria outra durante as barricadas de maio de 1968, nessa mesma Paris. Logo depois que o primeiro-ministro, Michel Debré, foi à televisão pedir dramaticamente que, assim que as sirenes tocassem, o povo deveria correr às ruas, o que de fato ocorreu, 3 mil voluntários, de dezenove a sessenta anos, deixaram suas casas, apesar do frio, e se apresentaram no Grand Palais pedindo armas para defender a capital de um possível desembarque aéreo.

Minha cobertura jornalística desse episódio não disfarçava a emoção.

> A madrugada do alistamento foi um dos espetáculos mais comoventes da crise. O que mais impressionava não era o arroubo juvenil de rapazinhos imberbes pedindo a formação de uma "milícia do povo", mas a presença ali da coragem lúcida, do heroísmo sem retórica de veteranos da Segunda e até da Primeira Grande Guerra prontos mais uma vez a defender a *douce France*, não do inimigo estrangeiro, mas de seus próprios irmãos.

Foi também uma demonstração de autoridade dada por De Gaulle, ao vestir a farda e ir à televisão dizer naquele tom que guardava para os momentos trágicos: "Francesas, franceses, ajudai-me". Não era o presidente da República que falava, mas o libertador da França. E nessa condição dirigiu-se também aos militares revoltosos. Não pediu. Exigiu. "Eu ordeno a rendição dos oficiais sediciosos." A obediência foi imediata. Da maneira como começou, sem nenhuma grandeza, o *putsch* terminou. Dos quatro generais que comandaram a aventura golpista, três fugiram e o outro, que na véspera prometera "lutar até a morte", sofreu apenas um ferimento: quando descia do avião em Paris, escorregou e machucou a mão.

Essa tentativa fracassada fez avançar as negociações e, em maio, Luís Edgar de Andrade e eu nos deslocávamos para Évian-les-Bains, uma agradável cidadezinha na margem francesa do lago Léman, entre a Suíça e a França, para a conferência franco-argelina que iria decidir os destinos da Argélia. Achávamos que íamos assistir a um momento histórico, mas a paz só viria no ano seguinte. De Gaulle mais uma vez conseguira o que parecia impossível: promover a descolonização da Argélia e escapar ileso de três atentados, num dos quais foram despejados 150 tiros sobre seu carro.

K-K: "ENCONTRO DO SÉCULO"

Um dos maiores acontecimentos desse ano de 1961, cheio deles, foi a descoberta de que o homem, com Yuri Gagarin, podia fugir à gravidade, ir ao cosmo, olhar-nos de uma perspectiva inédita e dizer: "A Terra é azul". E voltar. Acho que a partir daí aprendemos a conviver com o extraordinário e a perder a perplexidade. Tudo agora seria possível, inclusive a conquista da Lua, como foi oito anos depois.

Mais do que isso, porém, o que mobilizou Paris foi a visita do presidente americano John Kennedy a De Gaulle, dias antes de se reunir com o dirigente soviético Nikita Khruschóv em Viena para o chamado "encontro do século". A cidade reservou uma recepção consagradora para Kennedy e, em especial, para sua mulher, Jacqueline. *Née* Bouvier, Jackie tinha sido estudante da Sorbonne e era *chic* como uma parisiense *chic*. Descendente de franceses, falando francês e vestindo-se à francesa, foi a sensação da viagem, levando a França a achar que nunca existira no mundo uma primeira-dama com tanto glamour.

Com a imagem desgastada pela fracassada tentativa de invasão da Baía dos Porcos, em Cuba, patrocinada por seu governo, Kennedy não teve pudor de usar o charme e o carisma de Jackie como reforço para ser aceito pela Europa — um trunfo a que pelo menos De Gaulle não seria indiferente. Anos antes, quando estivera em Washington, numa recepção com 2 mil pessoas, o general quis conhecer a mulher do mais novo senador americano, porque ela era "a mais bonita convidada da noite".

Agora, antes de deixar Paris, o sedutor e poderoso John Fitzgerald Kennedy reunia a imprensa no Palais de Chaillot para declarar humildemente: "Não acho que seja de todo impróprio me apresentar para essa audiência: eu sou o homem que acompanhou Jacqueline Kennedy a Paris, e adorei fazê-lo".

De fato, as pessoas se perguntavam se esse presidente de 44 anos, o caçula dos "Grandes", teria condições de discutir o destino do mundo com duas velhas raposas da política: o lendário De Gaulle, de 71 anos, e o esperto Khruschóv, de 67. O que se dizia nos corredores da diplomacia francesa era que Kennedy estava ali para uma espécie de vestibular visando ao encontro de Viena. Segundo contaram os correspondentes franceses em Washington, ele levou meses fazendo um curso completo sobre o seu ilustre interlocutor, de quem ficou conhecendo até manias e hábitos.

Isso deve ter facilitado a conversa, mas não impediu que o general dissesse algumas verdades ao jovem colega, como a opinião de que teria sido "preferível" que o presidente dos Estados Unidos fosse ver o dirigente da URSS em situação de superioridade e não carregando o vexame da Baía dos Porcos. Também teria manifestado seu desacordo com a política e a estratégia de armas nucleares, que, segundo ele, deveriam ser elaboradas em comum por Washington, Londres e Paris, e não apenas pelos Estados Unidos. Afinal, a França, no ano anterior, já explodira sua primeira bomba no Saara e ia continuar mantendo sua *Force de frappe*, ou seja, um arsenal reduzido, mas de grande significado político. De Gaulle não queria que a França dependesse da proteção nuclear americana.

Quando, solícito, Kennedy quis mostrar as fotos da base soviética instalada em Cuba, De Gaulle deixou-o sem jeito, argumentando que bastava a palavra dele. Era uma época em que se acreditava no que o presidente americano dizia.

De Paris o casal viajou para Viena — e com eles a atenção do mundo inteiro. Fui de trem, e não sei bem por que gastei umas vinte horas numa viagem que hoje me parece impossível ter sido tão demorada. Viena, a bela *fin-de-siècle*, a hospitaleira, que fora escolhida para o encontro por sua neutralidade, prevista até em artigo da Constituição, não se manteve equidistante, tomou partido. Apesar de ter recebido com cordialidade Nikita e sua bonachona Nina, com cara e jeito de camponesa, não conseguiu disfarçar sua preferência por Jackie e John, ou melhor, por ela, exatamente como já fizera Paris.

Era seguida e aplaudida por uma multidão de vienenses fosse aonde fosse — na catedral para assistir a uma missa pontifical ou no circo espanhol de cavalos, onde um radiorrepórter provocou risos ao perguntar em tom solene e voz alta para que todos ouvissem: "*Aimez-vous les chevaux, Jacqueline?*". Ela respondeu rindo: "*Oui*". Jackie amava os cavalos.

No final das doze horas de conversações durante os dois dias de encontro, Kennedy e Khruschóv, sérios, apertaram as mãos sem efusividade. Os assessores de imprensa de um e de outro, porém, deram declarações animadoras como "bom começo", "as relações vão melhorar", que me permitiram mandar para o Brasil uma matéria cujo título era "Encontro de K & K foi útil, franco, sério e cordial". Era tudo isso, mas significava também que os dois mantinham suas posições, sem ceder em nada.

Ou quase nada, pois em relação a Berlim, a questão mais delicada e urgente, houve uma frustração. Esperava-se que Kennedy fosse sustentar o que afirmara na primeira entrevista como presidente: "Nós não poderemos nunca permitir que Berlim passe para a influência comunista. O mundo deve saber que lutaremos por Berlim". Embora encravada no território da Alemanha Oriental, como consequência dos acordos do pós-guerra, Berlim era metade comunista e metade ocidental.

Menos de três meses depois, na madrugada de 13 de agosto, começava a ser construído por ordem de Khruschóv o então chamado Muro da Vergonha. A Cortina de Ferro deixava de ser uma metáfora para ser uma muralha real de concreto de 3,6 metros de altura e 43 quilômetros, cortando literalmente Berlim em duas. Por 28 anos.

A CALCINHA DE JACQUELINE

De volta a Paris, mas ainda mobilizado pelas repercussões da crise de Berlim, levei algum tempo para saber que o Brasil também estava vivendo a sua crise — não fosse o mês de agosto, aziago por natureza, e o dia 25, data do suicídio de Vargas. Jânio Quadros renunciou nesse dia, mas só fui saber no dia 28, ao chegar à capital francesa o vice-presidente João Goulart. Ele vinha da China, para onde fora em viagem oficial a 30 de julho, e agora estava ali, completamente perdido, pendurado no telefone, mas só conseguindo notícias desencontradas do Brasil e sendo assediado pela imprensa internacional.

Uns lhe diziam para voltar. Informavam que os três ministros militares não iriam permitir a posse, mas que o seu cunhado, o governador do Rio Grande Sul, Leonel Brizola, comandava uma resistência que estava levantando o país em defesa da legalidade. Outros o aconselhavam a não embarcar, porque isso significaria guerra civil e derramamento de sangue.

Numa época em que telegrama era um meio de comunicação às vezes mais rápido do que o telefone, cujas ligações demoravam horas para serem completadas, pode-se imaginar a desorientação do vice-presidente. No dia 29, o jornal para o qual eu trabalhava deu uma ideia disso:

> O sr. João Goulart disse ontem à *Tribuna da Imprensa* — cujo correspondente serviu de intérprete para os jornalistas franceses — que, "segundo a Constituição", ele é o presidente; e que voltará nem que seja para ser preso. No entanto, pouco depois, transferia a sua viagem de volta e demonstrava não saber o que fazer "porque os acontecimentos se precipitam". A viagem (que a princípio estava marcada para hoje) foi transferida depois de uma conversa telefônica com o sr. Juscelino Kubitschek. O seu destino será o Uruguai ou a Argentina, onde pretende esperar a ordem para entrar no Brasil.
>
> Jango passou o dia entre o hotel e o escritório de um amigo, de onde telegrafa e telefona para o Brasil. Pelo telefone, falou ontem com o governador Leonel Brizola, com o sr. Tancredo Neves e com o senador Moura Andrade. Pegando pelo braço o correspondente da *Tribuna da Imprensa*, o sr. João Goulart disse: "Apesar dos contatos frequentes com o Brasil, não sei o que fazer. Aguardo os acontecimentos e informações mais precisas sobre o que se passa em meu país".

Essa história de intérprete foi meio folclórica. Surgiu num dia em que o nosso vice-presidente, que não falava francês, se viu diante de um pelotão de jornalistas que não falavam português. A exceção era eu, que podia atender às duas partes. Contemplado com a tarefa improvisada, me senti de repente com o poder de mudar o destino do país. Uma palavra mal traduzida, uma frase inventada, qualquer coisa que eu pusesse na boca do presidente, e estaria armada a confusão. Eu poderia, por exemplo, atribuir a ele uma declaração como esta, que seria distribuída pelas agências para o Brasil: "Volto e quero ver se algum milico tem peito de impedir minha posse". Até ser desmentida, a declaração provocaria muito provavelmente um começo de guerra civil.

Foi talvez pensando numa hipótese dessas que um colega francês resolveu fazer intriga numa nota de jornal: "O intérprete e contato de Goulart com a imprensa é um empregado de Lacerda, maior inimigo de Goulart".

A *Tribuna* chegou a exagerar no destaque. Estampou uma foto com o vice-presidente em primeiro plano e eu um pouco atrás, com o título: "Zuenir e Jango". Nessa ordem. O texto-legenda dizia que eu era "o único repórter brasileiro que acompanha o sr. João Goulart em Paris" e que eu conseguira "dois pronunciamentos exclusivos de Jango para o Brasil". Na verdade, a função me dera mais trabalho do que furo de reportagem. Passei três dias e três noites quase sem dormir e, pior, sem tomar banho, o que em Paris na verdade não chegava a ser novidade.

Me diverti muito com o entourage presidencial, aquela gente que vive em redor de qualquer presidente. "Tão em redor", eu dizia, "que acaba pensando que é presidente, falando como presidente, posando como presidente." Os tipos eram variados, mas ligados pelo mesmo ideal de ficar junto do poder.

Os desinteressados, por exemplo, são muito curiosos. Reúnem a imprensa e, como quem não quer nada, soltam dados pitorescos para uma possível biografia do chefe: "É um homem capaz de ver uma boiada passar e, do alto do seu cavalo, dizer à primeira vista 'pesa tantos quilos'. Pode botar na balança, é infalível".

O meu furo jornalístico na Europa, porém, aquele que causaria inveja nos colegas de todo o mundo, ficou inédito. E foi uma foto, não um texto. Ocorreu em Viena, quando eu, posto em sossego com minha Rolleiflex, longe do pessoal da imprensa, vi estacionar na minha frente um automóvel preto, enorme, oficial com toda a certeza. O motorista desceu e veio abrir a porta de trás, diante da qual eu estava parado na calçada. A passageira usava óculos escuros e tinha dificuldade de descer do carro, que era baixo.

Com o esforço, ela teve que afastar as pernas, e o vestido justo subiu acima dos joelhos. Instintivamente, mais do que por cálculo, acionei minha máquina. Só então vi que se tratava de ninguém menos que Jacqueline Kennedy. Ou melhor, era a calcinha branca de Jacqueline Kennedy, já que a peça, como pude verificar mais tarde, aparecia em melhor ângulo do que a própria dama que a vestia.

Como não tinha confiança de entregar o filme a um laboratório de revelação (quem resistiria à tentação de vender a foto para uma agência internacional?), carreguei o tesouro comigo de volta a Paris, onde tinha laboratorista conhecido. Revelei e mandei para o Rio, sabendo que a pudicícia da época não permitiria a publicação. Quando retornei ao Brasil, procurei a foto no arquivo e não a encontrei. Havia desaparecido para sempre a prova de minha intimidade virtual com aquela que o escritor Norman Mailer tentou definir assim: "Ela não é uma celebridade, é uma lenda. Não é uma lenda, é um mito. É mais que um mito, é um arquétipo histórico".

Naquele momento (depois não, depois se casou por interesse com o milionário grego Aristóteles Onassis), ela talvez fosse até mais do que isso: era uma deusa no Olimpo terrestre.

Glauber em três tempos

GÊNIO DA RAÇA

Pouca gente soube por que razão Nelson Pereira dos Santos, e não o próprio Glauber Rocha, deu a entrevista coletiva naquela manhã de maio de 1964 em Cannes, depois da exibição de *Deus e o diabo na terra do sol* para a imprensa internacional. Nervoso durante toda a sessão, Glauber ficou ainda mais no final, com a perplexidade da plateia diante do seu estranho filme misturando drama existencial e alegoria política. Como não supunha o que iam dizer, por exemplo, gênios do cinema como o alemão Fritz Lang — "é uma das mais fortes manifestações da arte cinematográfica que já vi" — nem o espanhol Luis Buñuel — "é a coisa mais bela que vi nos últimos dez anos" —, ele temia a reação dos críticos. Temia tanto que teve um súbito desarranjo intestinal.

"Não estou aguentando mais", disse para mim, em pé ao seu lado no fundo da sala, "pede ao Nelson pra me substituir" — e voltou correndo para o hotel. Nelson, que também participava da competição com *Vidas secas*, enquanto Cacá Diegues apresentava *Ganga Zumba* na Semana da Crítica, teria nesse XVIII Festival de

Cinema duas tarefas extras. Uma foi esclarecer que, apesar do que escrevera um jornalista parisiense, provocando indignação, Baleia não morrera de verdade no filme. Fora tudo encenação, com ajuda de sonífero. O desmentido decisivo, porém, foi a chegada da própria cadela na primeira classe da Air France. Virou uma celebridade em Cannes.

A outra missão era essa de satisfazer a curiosidade dos críticos, que haviam gostado do filme de seu amigo, mas sem entender bem, rindo toda vez que era pronunciado o nome da mulher de Corisco, Dadá. Acreditavam ser uma homenagem ao dadaísmo, movimento literário de negação a tudo e de defesa do absurdo. Não seria esse o único mal-entendido. À noite, na sessão de gala, Cacá atrasou-se e, quando começou a subir a escadaria do Palácio do Festival, Glauber, lá em cima, passou a gritar seu nome: "Cacá, ô Cacá!".

A turma do sereno explodiu numa gargalhada. "Foi a maior vergonha de minha vida", lembra-se o diretor de *Ganga Zumba*. Cacá em francês quer dizer "cocô". "Sozinho, não dava para fingir que não era comigo." Glauber, que normalmente já falava alto, continuava gritando: "Cacá, ô Cacá!". E os engraçadinhos imitando: "Cacá, ô Cacá!". Ou seja: "cocô, ô cocô!".

Na entrevista coletiva, o espanto era geral. Um jornalista americano queria saber: "Um diabo louro e um Deus negro que sacrifica crianças, o que quer dizer isso!?". "Será Antonio das Mortes [o matador do filme] o atual poder dominante, isto é, a ditadura?", perguntou um alemão. "O que o diretor pretendeu com 'o sertão vai virar mar e o mar vai virar sertão'?" Um francês procurava descobrir analogia entre a saga do beato e do cangaceiro com as canções de gesta. "Quem é Roland e quem é Olivier?", insistia, estabelecendo o paralelo com os lendários heróis medievais de seu país.

Cerca de um mês e meio antes, na noite de 17 de março, no cinema Ópera, em Botafogo, no Rio, uma plateia de convidados também se mostrou aturdida. "Eles saíram da sala como se tivessem acabado de ver cinema pela primeira vez", escreveu o crítico José Carlos Avellar. De fato Glauber estava inventando, senão "o" cinema, pelo menos um novo cinema, que, por ironia, não ganhou qualquer prêmio naquele festival. Embora o presidente do júri fosse Fritz Lang, admirador incondicional do filme, o crítico soviético Alexandre Karaganov teria desequilibrado a votação em favor do saltitante *Os guarda-chuvas do amor*, de Jacques Demy, alegando que a obra de Glauber era "subversiva demais".

Naquela pré-estreia, eu conhecera a genialidade de Glauber; em Cannes ia conhecer sua generosidade. Minha mulher estava grávida de quatro meses e tínhamos saído do Brasil meio às pressas. O país vivia a caça às bruxas que se seguiu ao golpe militar, e a polícia já tinha ido nos procurar em casa, onde não mais nos encontrávamos. Apesar de tudo e graças à ajuda corajosa de Amy Courvoisier e Alarico Silveira, conseguimos viajar sem problemas.

Como representante do cinema francês no Brasil, o primeiro nos ofereceu um convite para o Festival de Cannes, que dava direito a passagens e hospedagem, legitimando a viagem. O segundo conseguiu que o Itamaraty fornecesse passaportes diplomáticos de serviço. Ele era o diplomata do ministério encarregado da imprensa e Mary cobria o setor para a *Tribuna da Imprensa*. Um outro amigo, o jornalista Sérgio Noronha, levou nosso filho Mauro para a casa de minha irmã Zenir, em Friburgo, com quem ficou até a nossa volta.

Desde que soube de nossas dificuldades, Glauber não sossegou. Era capaz de interromper uma entrevista ao *The New York Times* para perguntar como ia a gravidez e recomendar que se consultasse um bom médico. Como achava que não deveríamos voltar logo, passou a se movimentar para que outros festivais nos convidassem. Assediado pelos repórteres, sua preocupação era arranjar convite para "uma amiga grávida perseguida pela ditadura militar".

Quase dez anos depois, nossos destinos voltaram a se cruzar quando a revista *Visão* publicou uma entrevista bomba que marcou minha carreira e ameaçou arruinar a dele. Os jornalistas Said Farhat, então proprietário da revista, e Luiz Garcia, chefe da redação, resolveram lançar uma edição especial sobre os primeiros dez anos do golpe — ou da "Revolução de 64", como era mais conveniente dizer. Escrito com os cuidados que a época exigia, amenizado por circunlóquios e eufemismos, o número, por algumas razões, se tornou histórico. Foi para as bancas em 11 de março de 1974, dividido em três partes, além de uma cronologia: uma parte econômica, que foi considerada de direita; outra política, de centro; e uma cultural, acusada de esquerda.

Esta última ficou sob a responsabilidade do editor de Cultura, Vladimir Herzog, que me deu a tarefa de executá-la. Eu era chefe da sucursal do Rio e deveria recolher os depoimentos de artistas e intelectuais para compor um balanço do período. Como Glauber se encontrava na Itália, mandei-lhe um longo questionário. Quando já estava escrevendo o texto final, recebi como resposta uma página datilografada com correções à mão. Começava assim:

> Querido Zus: você me pede pra lhe responder alguma coisa, eu também estou procurando uma resposta, a rainha Tomiris que matou Ciro era de um povo que costuma sacrificar aos Deuses mais potentes os mais velozes seres humanos.

E continuava confusa, falando das "sete cabeças da besta que se desintegrariam". Passei os olhos no resto e meu impulso foi jogar aquele papel fora. Mas enfiei-o no bolso e liguei para o meu editor dando a má notícia. Ao ouvir que, em vez das respostas, Glauber me mandara uma carta curta, pessoal e cheia de ideias loucas, Vlado quase teve um ataque. Reagiu como se a culpa fosse minha: que eu me virasse. Tínhamos até o dia seguinte para terminar o número.

Fui para casa sem saber que outra entrevista colocaria no lugar daquela que deveria ser o carro-chefe. Jantei e, com a cabeça menos quente, resolvi reler a carta. Era mesmo obscura, continha mensagens que pareciam cifradas, mas me chamou a atenção o que vinha escrito entre parênteses na última linha, depois de "abraços do Buru" (seu apelido íntimo), com o papel já terminando: "Deduza o que quiser e publique".

Então é para publicar?! Era quase meia-noite, mesmo assim resolvi ligar para Cacá, que estivera com o amigo pouco antes na Europa. Li o texto e ele não demonstrou surpresa. "É exatamente o que ele está pensando." Não tínhamos dúvida, porém, de que a publicação iria atrair a ira de toda a esquerda. Caberia a mim a decisão. No dia seguinte cedo, tentei localizar Glauber em Roma, mas ele viajara para destino ignorado.

Li de novo, e um detalhe reforçou minha disposição de publicar a carta: o final. Na frase "Deduza o que quiser e publique", as palavras "e publique" estavam escritas à mão. Era uma autorização escrita com o próprio punho: "publique". Quase uma ordem.

Faltava convencer Vladimir, a quem algumas coisas incomodavam na "entrevista". A primeira delas era o hermetismo. As alegorias e hipérboles chocavam o gosto pela clareza de meu editor. Mas essa não era a única objeção. Havia também o temor de que o texto viesse a ser interpretado pelo general Golbery do Couto e Silva, chefe do então todo-poderoso Serviço Nacional de Informações (SNI) e um dos condestáveis do regime, como uma provocação. Afinal, decidiu-se pela publicação.

O número de *Visão* trazia um pouco de luz para o fim do túnel. Depois de anos de funda depressão, em que a classe artística estivera mergulhada no desespero ou no desencanto, aqueles artigos e entrevistas carregavam algumas marcas do lamento, o som de um "grito parado no ar", para usar o título de uma peça de Gianfrancesco Guarnieri da época. Mas o que havia de novo era justamente algo que já anunciava o declínio da retórica do queixume — era o que mais tarde viria a se chamar "abertura" e que naquele momento ainda recebia o tímido nome de "distensão", dado pelo general-presidente no poder, Ernesto Geisel.

Mostrava como, depois de uma "vasta literatura de lamentação e autopiedade", começavam a surgir, no final de 1973, "alguns indícios esparsos" sugerindo modificações de atitude. Obras recentes como os filmes *Os inconfidentes*, de Joaquim Pedro de Andrade, e *São Bernardo*, de Leon Hirszman, eram provas de resistência ativa.

Constatava-se que, "cansados do confronto direto, desvantajoso e desgastante", muitos criadores estariam se armando de outra disposição, "inclusive para não caírem no comodismo da lamentação ou ficarem presos na torre de marfim do sofrimento". Antes de apresentar os depoimentos, eu concluía assim o balanço:

> Emergindo do vazio e da fossa, sofrida e amadurecida, a cultura brasileira talvez tenha reencontrado, além da vontade, a esperança de que a liberdade tão invocada lhe possa ser por fim devolvida. Não como favor concedido, mas como direito adquirido.

Portanto, o conteúdo da carta-entrevista de Glauber não se chocava tanto assim com o que muitos ansiavam. O problema era a forma, a maneira metafórica e hiperbólica de propor o diálogo, sem falar na inconsistência de alguns argumentos:

Os fatos de Geisel ser luterano e de meu aniversário ser a 14 de março, quando completo 35, me deixam absolutamente seguro de que cabe a Ele [escrito com maiúscula] responder às perguntas do Brasil falando para o mundo. Não existe arte revolucionária sem poder revolucionário.

O que escandalizou mais, porém, foram afirmações como estas:
"Acho que Geisel tem tudo na mão para fazer do Brasil um país forte, justo e livre. Estou certo inclusive de que os militares são os legítimos representantes do povo."
"Para surpresa geral, li, entendi e acho o general Golbery um gênio — o mais alto da raça ao lado do professor Darcy [Ribeiro, ex-chefe da Casa Civil de Jango, então no exílio]."
"Acho Delfim Neto burro, idem Roberto Campos. Chega de mistificação."
"Que Fernando Henrique é o príncipe de nossa sociologia."
"Que Chico Buarque é o nosso Errol Flynn."
O presidente Geisel, que acabara de subir ao poder, e seu ministro Golbery, principais alvos dessa embaraçosa proposta de diálogo, não entenderam logo as declarações de Glauber e ficaram meio desconfiados. Dizia-se que o "gênio da raça" teria levado dois dias para entender ou para aceitar como gesto de boa vontade os exagerados elogios que lhe foram dirigidos.
Do outro lado, houve revolta. Muitos intelectuais daqui e de fora repudiaram as declarações do cineasta, acusando-o de "estar a serviço da ditadura militar".
Esses ataques deixaram Glauber deprimido, mas isso eu só fui saber em Lisboa, no mês seguinte.

O GURU DO GURU

Em 1974, o Brasil ainda cantava, meio censurado, o "Fado tropical", de Ruy Guerra e Chico Buarque, lançado no ano anterior e que dizia: "Ai, esta terra ainda vai cumprir seu ideal/ Ainda vai tornar-se um imenso Portugal". A censura cortara o último verso da estrofe: "Sabe, no fundo eu sou um sentimental/ Todos nós herdamos no sangue lusitano/ uma boa dose de lirismo/ (além da sífilis, é claro)". Sífilis não podia, nem entre parênteses nem herdada.

Enquanto isso, no dia 25 de abril, os jovens capitães portugueses acabavam com o que restava da ditadura salazarista, dando início à Revolução dos Cravos, assim chamada porque a população em delírio colocava flores no cano de seus fuzis. De um dia para o outro, o que era cantado antes como amarga ironia passou a ser a nossa maior vontade política — que o Brasil se tornasse um imenso Portugal.

Glauber acreditava tanto nisso que foi para Lisboa acompanhar de perto esse movimento revolucionário romântico e pacífico, o penúltimo do século (o último foi a derrubada do Muro de Berlim). Conseguia-se ali o que os hippies tentaram inutilmente: levar as flores ao poder.

A cobertura dessa revolução foi para mim uma das mais alegres e surpreendentes experiências profissionais, a começar pelas circunstâncias que me levaram inesperadamente até Portugal. Eu estava para entrar de férias, com passaporte tirado e viagem marcada para Paris, quando o redator-chefe Luiz Garcia propôs que eu abandonasse os planos anteriores e embarcasse no mesmo dia para Lisboa. Graças a isso, fui talvez o primeiro enviado especial brasileiro a desembarcar na cidade, em meio a uma saudável confusão que lembrava Carnaval, celebração de vitória esportiva e comício político — uma festa cívica como Portugal não via fazia quase cinquenta anos e com a qual o Brasil sonhava havia dez.

Eis como descrevi a explosão de alegria das pessoas reencontrando o prazer da rua:

> Num incrível espetáculo para quem chegava de fora, elas, sem qualquer objetivo definido, pulavam, cantavam, corriam e, sobretudo, falavam. Era como se tivessem descoberto a própria voz. Há quase meio século, o país estava dividido entre os que já tinham se esquecido da liberdade e os que não a tinham conhecido.

Contagiado pela euforia daquele povo que de repente se embriagava de liberdade, eu me sentia como se aquela conquista fosse um prenúncio da nossa. Era como se estivesse chegando a nossa vez, a hora de derrubarmos também a nossa ditadura.

Encontrar o supersticioso Glauber lá não era um acaso, mas, segundo ele, um sinal de predestinação. Ele me localizou logo num hotel vagabundo, o único em que consegui vaga, e entrou no quarto já tirando a roupa, como gostava de fazer em sua casa. A cena é difícil de imaginar. Completamente nu, ele andava de um lado para o outro, discorrendo sobre o significado da Revolução dos Cravos para o Brasil.

Eu não conseguia ouvir direito, ele estava falando baixo, com a mão na boca. Quando pedi para falar mais alto, ele fez um sinal negativo e apontou para o fio que sustentava a lâmpada do teto, segredando no meu ouvido: "A CIA". Ali podia estar um microfone escondido. E deu uma gargalhada. Nunca se sabia quando ele encenava e quando acreditava nas encenações.

Voltou a ficar sério e quase chorou contando o linchamento a que estava sendo submetido desde que saíra a edição da *Visão*, não só no Brasil, mas na Europa — um traidor, vendido à ditadura, era o que se dizia dele. Me senti culpado. Afinal, fora o responsável pela publicação. Mas ele desfez logo essa sensação. Repetiria quantas vezes fosse preciso aquelas mesmas coisas.

Dias depois, filmando as festas do Primeiro de Maio, ele parecia estar indo à forra. Seus inimigos veriam que ele tinha razão. Com uma câmera emprestada, registrava aqueles acontecimentos como se estivesse se preparando para em breve fazer o mesmo no Brasil. Glauber morreu seis anos depois sem ver a liberdade, que de resto não chegou aqui da mesma forma intempestiva, mas a conta-gotas. De qualquer maneira, o movimento dos jovens capitães alimentou sua fantasia bastante tempo.

Uma noite ele apareceu no hotel perguntando se eu tinha dinheiro. Respondi que sim, as diárias que a revista tinha me adiantado. Sabendo que eu estava vivendo um momento difícil no casamento, ele anunciou que ia me levar para um descarrego. Saímos e Glauber parou o primeiro táxi. Deu um endereço que eu não conhecia e começamos uma viagem que acabou demorando uns quarenta minutos para fora de Lisboa.

Descemos numa espécie de condomínio com pequenos apartamentos um ao lado do outro, e o preço cobrado pela corrida correspondeu a uma boa parte do dinheiro que eu levara do Brasil para passar um mês.

Fomos recebidos por uma figura estranha, um brasileiro vestido com roupas orientais cujo nome não consigo me lembrar. Parecia a mistificação de um guru. E era. Glauber o apresentou com visível reverência como o conselheiro espiritual do general Omar Torrijos e de Mariel Mariscot. O primeiro era o homem forte do Panamá; o segundo era um famoso policial-bandido carioca.

Começava ali uma das noites mais absurdas que passei em Portugal, porque descobri logo que nos encontrávamos isolados, praticamente presos, sem condução: só íamos poder sair de manhã, quando passasse o primeiro ônibus. Nunca soube de onde Glauber conhecia o tal guru, que era um charlatão primário, mas que sabia exatamente o que seu cliente queria ouvir. Com uma entonação bíblica que lembrava o beato de *Deus e o diabo na terra do sol*, ele recorria a parábolas óbvias e ridículas. Falou em "movimento de redenção além do Atlântico", e Glauber me cutucou dizendo ao meu ouvido: "Viu?". Também não teve dificuldade em identificar o "emissário da luz com sua espada flamejante": "É o Golbery, só pode ser".

O guru não parava de falar, continuava o monótono relato de suas visões e eu não aguentava mais. Quando percebeu que eu estava cochilando, Glauber pediu-lhe que desse um pouco de atenção a mim. O charlatão passou então a diagnosticar o meu estado, repetindo exatamente o que o meu amigo deve ter lhe dito: que eu estava muito "carregado". Nem assim Glauber percebia o embuste. Me olhava em busca de confirmação.

Pior do que essa só a noite que a jornalista Maria Lúcia Rangel e eu passamos em companhia dele depois da morte da atriz Aneci Rocha. Andando sem parar em torno do quarteirão onde morava, ele tentava nos convencer de que a irmã fora assassinada — não que tivesse morrido por acidente, caindo no poço do elevador. O surto durou até de manhã.

No refúgio do guru, Glauber me acordou para pegarmos o ônibus de volta às oito horas. Em Lisboa teria mais. A pretexto de passar rapidamente na casa de uma amiga, me levou até um apartamento onde duas velhinhas o aguardavam prontas para o ritual que viria a seguir. Durante uma meia hora, mergulharam galhos de arruda numa bacia com água e me passaram pela cabeça e pelo corpo, enquanto rezavam e anunciavam estar retirando toda a carga negativa de dentro de mim. "Agora, sim, você vai ficar limpo e leve", decretou finalmente Glauber, como um sacerdote.

O descarrego pode ter me deixado mais limpo. Leve, não. Cheguei ao hotel com o corpo mais pesado do que quando saí na véspera. Estava exausto.

AGONIA E MORTE

A biografia de Glauber Rocha que durante mais de dez anos tentei escrever e que provavelmente jamais terminarei começava com a morte do cineasta e já tinha o primeiro capítulo pronto, com um título tirado de sua última entrevista, dada ao ator belga Patrick Bauchau, *Sintra is a beautiful place to die*. Ele não morreu em Sintra, mas ali começou a sua agonia.

Subi aquela serra umas quatro vezes para entrevistar médicos, a babá dos filhos, seu motorista de táxi preferido, o garçom do hotel, as donas do restaurante que ele frequentava, amigos eventuais, enfim todos os que conviveram com aquele homem estranho sempre com a barba por fazer e não raro com uma capa preta idêntica à de Antonio das Mortes em *Deus e o diabo na terra do sol*.

Dessas e de outras viagens a Paris e Nova York, eu trouxe um bom material de pesquisa: dezenas de fitas com entrevistas e dois cadernos com anotações especiais: croquis, desenhos, medidas da casa em que ele morou em Sintra e que mais tarde foi alugada ao roteirista Doc Comparato e Leila, sua mulher na época: a Casa das Minas.

Graças a essa coincidência e à boa vontade dos novos moradores, pude fuçar cada canto, contar quantos degraus havia entre o primeiro e o segundo andar, medir o corredor por onde o cineasta vagava nas suas noites insones, puxando angústia e cigarrinhos de maconha. Tudo isso e mais descrição de personagens, impressões, opiniões constavam dos dois cadernos deixados dentro de um carro que foi roubado em frente à casa de uma amiga, no Rio.

Num primeiro momento, achei que eles seriam devolvidos. Que ladrão se interessaria por aqueles traços misteriosos e palavras incompreensíveis? Bastaria oferecer uma boa recompensa. E foi o que fiz, publicando anúncios nas páginas policiais do *Jornal do Brasil* e do *O Dia*.

E esperei. Primeiro cheio de esperança, depois com paciência. Esperei e esperei. Como ao fim de uns bons seis meses não obtivesse resposta, fiz uma interpretação glauberiana do acontecido. Era um daqueles sinais em que ele tanto acreditava. Era ele me dizendo para abandonar o projeto.

A seguir, o primeiro capítulo do livro, que cheguei a escrever no começo dos anos 1990:

> Ele subiu a serra de Sintra achando que ia morrer. Vinha carregado de desassossego e frustrações. A Europa, que antes o consagrara como gênio e o cobrira de prêmios, rejeitava agora o seu último filme, *A idade da Terra*. Doente do coração e do pulmão, passara os últimos meses queixando-se de "angústia". "Não aguento essa angústia", vivia dizendo, como se o que sentia fosse apenas uma sensação metafísica e não também um mal-estar físico, concreto, proveniente da pericardite e da tuberculose que já deviam estar devastando o seu organismo.
>
> Seu ânimo instável misturava a depressão e a esperança, e cada hora sentia uma coisa, que estava muito mal, que ia morrer — ou então que poderia se curar com os ares serranos em cujos efeitos tônicos tinha uma fé supersticiosa. O problema é que acreditava também nos seus presságios, e já era 1º de fevereiro de 1981. Daí a um mês e meio completaria 42 anos, quando, segundo achava, ia morrer.

Glauber chegou a Portugal no mesmo dia em que chegava o general-presidente João Batista Figueiredo, ambos vindo de Paris. Para quem concebia o acaso como uma predeterminação histórica, a coincidência significava o encontro de dois caminhos "por navegações contraditórias". Um, o general, representava a "consciência do povo"; outro, ele, era "o inconsciente coletivo".

Glauber, sua mulher, Paula, e os dois filhos, Eryk Aruak, de três anos e meio, e Ava Patrya Yndia Yracema, de dois anos e meio, foram recebidos no aeroporto de Lisboa por um jovem cineasta português, Manuel Carvalheiro, que dois meses antes fizera um filme experimental em Paris tendo como protagonista o próprio Glauber Rocha. O "contrato" tinha uma cláusula especial: o diretor se comprometia a arranjar uma casa em Sintra para o "ator". Por isso, entre os abraços da chegada, Carvalheiro ouviu do amigo, em forma de agradecimento, o que presumiu ser daquelas superdramatizações tão a gosto do cineasta brasileiro: "Você me salvou a vida. Se eu não viesse para cá, morreria em Paris".

Dois dias após a chegada, Glauber acordou cedo e bem--disposto nessa sua primeira terça-feira em Sintra. Barbeou-se, tomou banho, penteou o cabelo — operações que ele raramente fazia coincidir numa mesma manhã, às vezes nem mesmo num só dia — e desceu para o café. Aí encontrou o garçom José Pedro, que se tornaria seu amigo e, mais tarde, guardião das lembranças desses tempos. Já estava íntimo do empregado: "Zé, hoje vou ver o meu presidente".

Saiu bem agasalhado, comprou jornais, como fazia sempre, e por volta do meio-dia era uma das 3 mil pessoas que aguardavam o visitante oficial na porta do Paço Real, justamente onde o rei d. Manuel I recebeu a notícia do descobrimento do Brasil. Assim que o general Figueiredo apareceu, um elogio à queima-roupa:

— O senhor está fazendo um grande governo.
— Também gosto muito dos seus filmes.

E se abraçaram para os fotógrafos, sabendo os dois que um deles mentia. Glauber acreditava no que estava dizendo, mas o general elogiava o que nunca tinha visto. A foto e as declarações foram publicadas no Brasil, fornecendo mais um argumento aos adversários de esquerda de Glauber, que desde 1974 o acusavam de adesão à ditadura. Aquele encontro não era uma provocação, era uma espécie de autoimolação. Glauber se entregava de novo ao linchamento em defesa da abertura política do país.

Na quinta-feira, 30 de junho, quando resolveu procurar o serviço de emergência do Hospital de Sintra, Glauber tossia, cuspia sangue e se queixava de dores no peito. Não disse que estava com dor, mas com "angústia". De plantão naquela tarde, o dr. Carlos Serra Matos, um jovem de 32 anos cujo sonho na adolescência era estudar cinema, já sabia pela crônica dos habitantes da presença na cidade do novo morador. Tornara-se fã do cineasta brasileiro quando seus filmes ainda eram proibidos em Portugal. Gostava especialmente de dois — *Terra em transe* e *O dragão da maldade contra o santo guerreiro* — que vira em sessões privadas sem permissão da censura salazarista.

Em dez minutos, a primeira radiografia forneceu ao médico um diagnóstico provisório: a existência de um nódulo no terço médio do pulmão direito. Além de lesões tuberculosas antigas no polo superior direito, o médico percebeu que o doente tinha todos os sinais de que estava com uma violenta infecção. E havia, naturalmente, a hipótese de que se tratava de uma neoplasia: em outras palavras, de um câncer.

Ao expor esse quadro, Serra Matos notou que Glauber ficou espantado. Não se conformou com o diagnóstico e argumentou que havia tempo fora tratado de pericardite: recentemente, fizera outra consulta e vira ele mesmo as chapas de raios X, que não registravam nada de anormal. Não era possível, devia haver um engano. Ainda assim, preferiu ficar em Sintra quando o médico informou que ele poderia se tratar em Lisboa. Dr. Carlos achava que enfiar um tubo nos brônquios do paciente para uma broncoscopia seria traumatizante. Preferiu prescrever antibiótico e interná-lo.

A medicação surtiu efeito e já no dia seguinte o doente pôde receber a visita do escritor Jorge Amado e do embaixador do Brasil em Portugal, Dário Castro Alves, os primeiros de uma multidão de amigos que iriam acorrer naquele fim de semana a Sintra. O dr. Carlos calculou que umas vinte pessoas passaram pelo quarto do doente, visivelmente contente, não tanto pela febre que cedera, mas pelo número de visitas.

Na segunda-feira de manhã, uma surpresa: Glauber iria se transferir para o Hospital da CUF (Companhia União Fabril), em Lisboa. Sem mais nem menos, resolvia deixar o hospital de Sintra depois de ali passar os dois últimos dias de julho e os dois primeiros dias de agosto de 1981. O médico não entendeu a decisão, cuja justificação veio em forma figurada: "A superprodução está em marcha, doutor, não pode ser interrompida".

A ambulância com destino a Lisboa saiu de manhã, levando Glauber acompanhado de um amigo, o cineasta Carlos Pinto, que fingia naturalidade, mas estava triste e com um confuso sentimento de frustração. Lembrava-se das vezes em que Glauber, olhando a velha cidade do alto, lhe dizia rindo: "Pinto, Sintra é um belo lugar para morrer". E repetia a frase, fingindo filmar a paisagem — os polegares esticados, na horizontal, e os indicadores para cima, formando diante do olho uma câmera imaginária.

A caminho de Lisboa, sem entender a decisão da viagem, Carlos Pinto se lembrava da cena e sofria duplamente — porque pressentia que o amigo ia morrer, e não ia morrer em Sintra.

Desejo, premonição ou seja lá o que for, a frase ficou gravada em inglês (*Sintra is a beautiful place to die*) no vídeo de Bauchau, que faz o papel de um diretor em *O estado das coisas*, o filme que o cineasta alemão Wim Wenders estava rodando nos arredores de Sintra e que dali a um ano, em 1982, ganharia o Leão de Veneza. Ao saber que Glauber não passara bem uma noite, Patrick Bauchau chamou sua colega de filmagem, a americana Viva, uma atriz lançada por Andy Warhol, e foram à casa do cineasta brasileiro para a entrevista.

Previsto para ser incluído no filme, o vídeo acabou rejeitado na montagem, privando a ficção do testemunho de um personagem real cuja vida foi consumida justamente pelo tema de que trata *O estado das coisas*: a luta contra a submissão da arte ao consumo e ao processo industrial. Durante quase duas horas, Glauber falou sobre tudo, ora em inglês, ora em francês. *Sintra is a beautiful place to die*. Mas Glauber iria morrer no Brasil. E sua agonia, que começara em Sintra, ia durar ainda dezoito dias em Lisboa.

Confirmando superstições e profecias, Glauber Rocha morreu aos 42 anos, foi enterrado um dia antes do dia da morte de Vargas e dois após o aniversário de Golbery, o "gênio da raça". É possível que tenha sido vítima de uma conjugação de imperícia e negligência médica. Pode ter chegado ao Rio praticamente morto por falta de um tratamento adequado em Lisboa. O próprio relatório "estritamente confidencial" dos dois médicos que o trataram no Hospital da CUF comprovaria a suspeita.

Apesar de quatro dias de internação em Sintra e dezoito em Lisboa, com vários exames e radiografias feitos, nunca se soube ao certo o que Glauber tinha. Foi tratado a princípio como tendo pericardite, depois tuberculose, depois câncer. Enquanto isso, germinava um processo infeccioso que acabou devastando o organismo do doente.

Junto com sua mulher, Paula Gaetán, mas sem acompanhamento de um médico — só de um enfermeiro —, ele viajou doze horas sem tomar soro ou oxigênio. Ao chegar ao Aeroporto do Galeão, no Rio, às 7h20 de sexta-feira, dia 21 de agosto de 1981, teve que ser levado para o posto de atendimento do próprio aeroporto, onde lhe foram aplicados soro e uma dose de cortisona. Completamente desidratado, a medicação de emergência não impediu que chegasse ao hospital quase morto.

Da hora da chegada ao instante da morte cerebral, às quatro da madrugada do sábado 22, Glauber não teve momentos de lucidez; teve apenas, como disse seu médico, "percepções da realidade". Gozou a elegância do produtor Luiz Carlos Barreto. Estranhou quando Paula, para testar o seu grau de consciência, informou que Cacá Diegues estava com a cantora Nara Leão no quarto: "Mas se eles estão separados", estranhou. E, às sete da noite, antes de entrar em coma, perguntou: "Pedro Henrique, eu vou morrer?". O médico mentiu.

A primeira providência de Paula, viúva, foi recomendar que o caixão ficasse aberto: "Quero que todo mundo olhe o Glauber morto. Ele vai ser velado como um dos maiores homens do Brasil" (depois ela me diria: "Vi muita gente olhando o corpo com grande complexo de culpa"). Outra recomendação, transmitida por Cacá Diegues, era que as coisas não se tornassem "morbidamente tristes". Não foram. Houve até momentos engraçados, como o início do enterro. Ao ver o caixão sendo levado por uma Kombi preta, fechada, Luiz Carlos Barreto correu e gritou: "Para aí, Glauber vai ficar puto da vida". Gustavo Dahl, outro dos numerosos cineastas presentes, apoiou: "Deixa ele ir pegando sol". O caixão foi então passado para uma caminhonete aberta.

O velório de Glauber Rocha foi o derradeiro espetáculo dirigido por Glauber Rocha. Como num filme dele, tudo foi improvisado. O Museu de Arte Moderna, escolhido a princípio para a exposição do corpo, foi logo abandonado, porque ia parecer uma reedição. Lá ele filmara, com grande escândalo para a família do morto, o seu premiado *Di*, sobre o velório do pintor Di Cavalcanti. O Parque Lage, sugerido em seguida por Aloísio Magalhães, secretário da Cultura do Ministério da Educação, pareceu o lugar ideal. Ali Glauber filmara, em 1967, *Terra em transe*, transformando o pátio interno neoclássico em Palácio Alecrim, sede do governo de um país chamado Eldorado.

Na noite do velório o pátio virou cinema. Até as três horas da madrugada pôde-se ver vários filmes de Glauber, inclusive uma incrível entrevista filmada. Na tela, o Glauber vivo — incômodo, corajoso, provocador — girava a sua metralhadora contra tudo e todos: "Todos os diretores do cinema novo me traíram". Na plateia, chorando ou segurando o choro, encontravam-se todos os diretores do cinema novo. Atrás, a poucos metros, o Glauber morto, com uma serenidade no rosto jamais vista.

Não havia dúvida: era tudo um filme de Glauber Rocha. Aquela confusão de ficção e realidade não podia existir de outra maneira. Com a morte de Glauber, o Brasil perdia o maior agitador cultural depois de Oswald de Andrade, e possivelmente um gênio.

Numa das últimas viagens que fiz a Sintra, em meados dos anos 1990, ainda com a intenção de escrever a biografia, resolvi apurar uma versão que ganhava corpo à medida que o tempo passava: Glauber teria morrido de aids. A dificuldade de um diagnóstico preciso, a indefinição dos médicos portugueses perdidos diante de um quadro complicado do paciente, a possibilidade de que ele pertencesse a um grupo de risco pelo uso eventual de outras drogas além da costumeira maconha — tudo isso aumentava a suspeita de que ele pudesse ter contraído o vírus HIV.

Eu não acreditava. Olhava a foto dele na cama do hospital feita por Zélia Gattai e, por trás daquele rosto cheio, redondo, risonho, não conseguia ver um "aidético" (palavra que na época era usada por todo mundo). De qualquer maneira, tentei obter alguma pista entrevistando os médicos de Sintra e de Lisboa, mesmo sabendo que a tarefa seria quase inútil. A notícia publicada no Brasil de que teria havido negligência e imperícia por parte deles deixara-os agressivamente em guarda. Rejeitavam com rispidez a hipótese que eu lhes apresentava: "O senhor acha que ele poderia ter morrido de sida?".

Mesmo quando eu lembrava que em 1981 era impossível diagnosticar um mal que acabara de ser descoberto como "câncer gay", a pergunta era recebida como se levasse embutida uma ofensa ao saber médico lusitano. Pouco adiantava explicar que só em 1983 fora registrada a primeira ocorrência oficial da doença no Brasil e que apenas em 1984, três anos portanto após a morte de Glauber, é que se soube do caso do filósofo francês Michel Foucault — talvez a primeira vítima nos meios intelectuais a ser reconhecida publicamente.

Com um dos médicos do hospital da CUF, de Lisboa, por exemplo, travei o seguinte diálogo, depois que ele se recusou a discutir a hipótese levantada por mim:

— Então o senhor acha que ele morreu de quê, afinal?

— De um tumor, possivelmente com metástase cerebral.
— O senhor acredita que ele morreu de um tumor?
— Não tenho dúvida nenhuma.
— Mas ele não tinha nenhum sintoma de câncer.
— É assintomático.
— E a septicemia?
— Isso é tudo mentira: septicemia, broncopneumonia, uma loucura.
— E a pericardite?
— Nada, isso é tudo inventado. Ele (o doente) fez exames sofisticados ao coração. É tudo paranoia.

O médico repetiu a denúncia de que teria havido "entrada maciça de droga" no quarto do paciente, atribuindo a isso "a perda do sensório, com a crise de descontrole do doente, passando excremento pelo corpo".

— O senhor acredita que a droga tenha agravado o estado dele?
— No sentido de que ele, se já era um homem fraco, já débil, sim.
— Foi droga pesada?
— Deve ter sido, porque ele costumava tomar cocaína.

Em seguida, ele falou em lesão em consequência da droga e parece dizer (a gravação não está boa) que "injetaram cocaína".

Vendo que junto aos médicos a apuração não avançava, passei a recolher nos hospitais por onde Glauber tinha passado relatórios, prontuários, hemogramas e o resultado de todos os exames.

Na volta, entreguei o material a um médico amigo que o submeteu a alguns colegas. O resultado foi inconclusivo. "O quadro é compatível", ele me disse, "mas não há nada que, de maneira definitiva, aponte qualquer indício que possa acusar a presença da aids no organismo do paciente."

De minha parte, não tenho condições de dar maiores detalhes sobre essas análises. Por incrível que possa parecer, perdi também todo o material que, esquecido em algum lugar, sumiu.

Mais uma vez o espírito de Glauber me mandava um de seus sinais. Por via das dúvidas, decidi que o deixaria definitivamente em paz.

Perdão para todos

Foi pela letra de Aldir Blanc e a melodia de João Bosco em "O bêbado e a equilibrista", falando da "volta do irmão do Henfil", que as marias e clarices viraram símbolos das esposas e mães que tiveram seus maridos e filhos presos, torturados, mortos ou exilados durante a ditadura militar. Interpretada por Elis Regina, a música foi uma espécie de hino do movimento pela anistia, que marcou o início da redemocratização do país — embora isso só fosse começar a acontecer de fato seis anos depois, com a instalação de um governo civil.

A Lei da Anistia foi promulgada no dia 28 de agosto de 1979, mas a campanha começou em 1975, quando Therezinha Zerbini, mulher de um general cassado, fundou o Movimento Feminino pela Anistia, porque, se fosse liderado por homens, seria, segundo ela, "esmagado pela repressão".

Discute-se para saber qual foi a ação coletiva mais importante do processo de reconquista democrática, se a campanha pela anistia ou a das eleições diretas, em 1984. Nas Diretas Já, houve maior participação popular. Nenhum outro movimento concentrou mais de 1 milhão de pessoas em comícios como os de São

Paulo e do Rio. Mas a luta pela anistia foi mais dramática, envolveu greves de fome de presos políticos, volta de exilados, reencontros.

Ir ao Galeão receber Fernando Gabeira, Miguel Arraes, Prestes, enfim, os centenas de retornados do exílio, ao som de "O bêbado e a equilibrista", era um programa cívico que fazia chorar de emoção e alegria. Isso já no final, porque em 1975 as pessoas se mobilizaram pela dor — dos que continuavam sofrendo nas prisões ou dos que ainda não podiam voltar. Já 1984 foi só festa — pelo menos até a derrota da emenda constitucional proposta por um obscuro deputado do PMDB de Mato Grosso, Dante de Oliveira, reinstituindo as eleições diretas para presidente da República.

Mil novecentos e setenta e cinco começou sob o efeito da brisa que vinha daquelas frestas de liberdade abertas em 1974. Foi possível encenar peças como *Pano de boca*, de Fauzi Arap, *Réveillon*, de Flávio Márcio, *Corpo a corpo*, de Oduvaldo Viana Filho, *Mumu*, de Marcílio de Moraes, e a de maior repercussão: *Gota d'água*, de Paulo Pontes e Chico Buarque, uma transposição livre para os subúrbios cariocas da *Medeia* de Eurípedes, com Bibi Ferreira no papel principal.

Foi o ano também em que Rubem Fonseca lançou *Feliz ano novo*, que em 1976 seria apreendido pela polícia sob a alegação de fazer apologia da violência, quando era apenas antecipação. A morte, presente treze vezes nos quinze contos, era o personagem principal do livro. Como iria acontecer tempos depois na realidade, ela aparecia como alternativa corriqueira, gratuita e lúdica, única forma de afirmação para uma vida sem valor.

Marcado pelos avanços e recuos próprios da época, o ano teve um momento animador entre abril e maio, quando se realizou o I Ciclo de Debates da Cultura Contemporânea, no Rio, organizado pelo Grupo Casa Grande, do qual participavam Max Haus e Moysés Aichenblat, donos do teatro que deu nome ao grupo,

Mary Ventura, os militantes do PCB Nelma Sales e Oswaldo Guimarães, além de artistas e intelectuais como Chico Buarque, Bete Mendes, Antonio Callado e Luiz Werneck Viana (Ferreira Gullar incorporou-se à turma no ano seguinte, ao retornar do exílio trazendo o seu "Poema sujo", que Vinicius de Moraes classificou como "o mais importante poema escrito nos últimos dez anos").

Alguns deles ficaram pelo caminho, sem sequer ver a abertura pela qual tanto lutaram: Thereza Aragão, produtora do histórico show *Opinião*, o publicitário Darwin Brandão, o teatrólogo Paulo Pontes e a jornalista Ana Lúcia Novais. Thereza era a mais realista. Quando ouvia o consolo de que um dia as coisas iam melhorar, rebatia rindo: "É, mas entrementes a vida da gente vai passando". Foi ela quem, em 1964, apostou que atrás do cabelo armado e do vestido deselegante da desconhecida Maria Bethânia havia uma intérprete capaz de substituir a lendária Nara Leão no show *Opinião*.

O dramaturgo Paulo Pontes, que morreu de câncer aos 36 anos, em 1976, era a mais lúcida cabeça política do grupo. Foi o intelectual que com clareza entendeu o momento em que vivíamos. Quando nem se falava em distensão, ele já anunciava: "A abertura é inevitável. O capitalismo agora precisa de um Estado mais aberto".

Darwin Brandão, que junto com a animadora cultural Guguta, sua mulher, teve a ideia dos debates, era quem mais articulava. Com contatos em embaixadas, conseguiu tirar do país muitos perseguidos políticos. Em 1965, ambos desempregados, criamos o CEM (Centro de Estudos Modernos), uma espécie de universidade livre com os salvos do incêndio político: professores, jornalistas, cineastas, dramaturgos. Durou pouco porque, além do interesse geral, atraiu a ira do escritor e pensador católico ultraconservador Gustavo Corção e a atenção da polícia. Foi fechado oito meses depois que Alceu Amoroso Lima deu a aula inaugural para quinhentas pessoas.

No Teatro Casa Grande, cerca de 1500 jovens se apertavam e se espalhavam pelo chão para assistir ao que na época era uma novidade e um risco: debates públicos sobre cultura. Novidade, porque a censura criava tantas dificuldades que quase inviabilizava a iniciativa. Queria, por exemplo, que tudo fosse submetido a ela previamente, a exemplo do que se fazia com peças de teatro. Convencê-la de que, por serem debates, não comportavam um exame prévio, custou pacientes negociações. O risco eram os telefonemas anônimos ameaçando com bombas os nossos encontros.

Durante oito semanas, a cada segunda-feira, entre os dias 7 de abril e 26 de maio de 1975, passaram por aquela casa de teatro e de shows o crítico Antonio Candido, o filólogo Antônio Houaiss, o teatrólogo Plínio Marcos, o artista plástico Rubens Gerschman, o cineasta Leon Hirszman, o jornalista Sérgio Cabral, o poeta Affonso Romano de Sant'Anna. Alceu Amoroso Lima, já com mais de oitenta anos, mandou uma mensagem que terminava afirmando que a censura e o reacionarismo estavam "ameaçando a cultura nacional de uma estagnação e de um retrocesso, que serão ambos a maior decepção das novas gerações e a própria vergonha da nossa história intelectual".

No último dia li um texto que escrevi em nome dos organizadores:

> Poucas vezes um teatro no Brasil terá reunido tanta gente durante tanto tempo para assistir a um espetáculo que era a própria negação do espetáculo: sem recursos cênicos, sem efeitos sonoros e sem jogos de luz, foram apresentadas nesse palco apenas duas velhas e surradas atrações — as palavras e as ideias. E, graças a isso, com um resultado que dá para pensar.

Dizia também que essa era "a primeira autoconfissão pública" da cultura brasileira depois de um longo silêncio coletivo:

> O balanço desse ato de corajosa humildade não é alentador. Por ele vimos que, além dos problemas particulares, o cinema, o teatro, as artes plásticas, a televisão, o jornalismo, a literatura, a publicidade, a música estão esmagados por dois cerceamentos comuns: de um lado, a censura; de outro, a desnacionalização crescente da nossa produção artística. A nossa cultura hoje ou fala com dificuldade ou fala com sotaque. Num esforço desesperado, dá voltas, faz contornos, finge que diz mas não diz e acaba quase sempre voltando para as gavetas dos seus criadores, quando não é cortada e emasculada.

Em função do sucesso, mais três ciclos foram realizados nos anos seguintes, com a participação de personalidades como o então apenas sociólogo Fernando Henrique Cardoso, o senador alagoano Teotônio Vilela e, fazendo sua estreia no Rio, um líder operário de barba cerrada e nome curto recém-surgido no ABC paulista: Lula. O professor cassado da USP, que Glauber já havia chamado de "príncipe dos sociólogos", e o torneiro mecânico expunham ideias parecidas sobre democracia, fazendo a plateia suspirar: "Ah, se um dia o país fosse entregue a esses dois!". Era uma utopia, mas a ditadura permitia muito pouco além de sonhar.

Fernando Henrique brilhou junto ao público feminino pelo que dizia, mas também pela forma como dizia. Defendia um Estado mínimo, e todo mundo apoiava, pensando nos militares. Quanto ao estreante, foi uma revelação. Seu sucesso acabou sendo proporcional à frequência com que maltratava a gramática e os intelectuais. Quanto mais os agredia, mais aplausos recebia. O metalúrgico usava uma linguagem franca e desconcertante. Dizia que "estudante só tem idealismo durante quatro anos, depois passa a explorar a classe trabalhadora" — e os estudantes vibravam. Afirmava que intelectual no Brasil podia ser comunista e aspirar ao poder, "mas operário, jamais" — e os intelectuais ovacionavam.

Numa época de má consciência, em que a esquerda se julgava culpada pelas agruras do proletariado, o discurso de Lula funcionava como expiação dos nossos pecados cívicos. Ele saiu da palestra conosco diretamente para a churrascaria da moda, a Carreta, em Ipanema, onde teve muito trabalho para dar conta de uma suculenta picanha e do assédio feminino.

Naquela noite a classe operária foi ao paraíso.

Teotônio Vilela teve uma verdadeira consagração, para surpresa dos organizadores, que temiam uma reação hostil daquela plateia ardorosamente de oposição. Quando fomos buscá-lo no Hotel OK, no centro da cidade, onde sempre se hospedava, Darwin Brandão e eu resolvemos manifestar-lhe nossa apreensão. Ele não se preocupou. Usineiro, além de senador pelo partido do governo, a Arena, mesmo assim conquistou o público do Teatro Casa Grande, como iria comover o país nos anos seguintes com sua pregação em favor da anistia.

Trocando a Arena pelo MDB, o Menestrel das Alagoas fez discursos memoráveis. Já com o câncer incurável que viria a matá-lo, percorreu o país em cruzada cívica e visitou presos políticos na cadeia. Uma dessas visitas foi ao presídio Milton Dias Moreira, no complexo penitenciário da Frei Caneca, no Rio, onde Nelson Rodrigues Filho, o Nelsinho, e seus companheiros faziam uma greve de fome que durou 32 dias (antes o grupo já conseguira sair da Ilha Grande, ficando dezessete dias sem comer). O encontro entre o senador e o jovem revolucionário foi comovente.

À pergunta de como se sentiam, Nelsinho respondeu: "Cada vez mais fracos pela falta de alimentos e cada vez mais fortes pela certeza da vitória". Os grevistas sabiam que seriam excluídos da anistia, mas mesmo assim lutavam por ela. Esquelético e com uma barba de Jesus Cristo, Nelson Rodrigues, filho do grande dramaturgo, achava que a anistia era um "passo decisivo para a tão esperada redemocratização do país". A firmeza dele não surpreendia. No tempo de Médici, ele recusara o oferecimento de deixar o país livremente.

Quando foi finalmente sancionada a Lei da Anistia, o humorista Henfil escreveu, pensando neles:

> Que foguetes poderemos soltar sem magoar os trezentos que, além de terem sido torturados feito cobaias, continuarão presos ou exilados? Por outro lado, poxa, a gente conquistou uma vitória que parecia utopia nem seis meses antes.

Se tudo isso teria parecido utopia seis meses antes, imagine-se quatro anos antes. Nesse período, porém, a Campanha pela Anistia Ampla, Geral e Irrestrita se alastrou pelo país através de comitês, passeatas, congressos e atos políticos, o que levou o poeta Carlos Drummond de Andrade a republicar versos do "Poema de Março de 45", que escrevera no ocaso do Estado Novo:

> *Se olho para as rosas: anistia.*
> *Para os bueiros da City, para os céus,*
> *para os montes em pé nas altas nuvens,*
> *anistia.*

Avesso à militância partidária, o poeta lutou também a seu modo pela libertação dos presos políticos da ditadura militar:

> *Mal foi amanhecendo no subúrbio*
> *As paredes gritaram: anistia.*

Rápidos trens chamando os operários
em suas portas cruéis também gritavam:
anistia, anistia.

A Lei de Anistia finalmente promulgada pelo presidente João Figueiredo não era a sonhada pela oposição: distribuía perdão e esquecimento para vítimas e algozes, torturados e torturadores. Não citava sequer a palavra "tortura" nem tratava do caso dos desaparecidos. Incompleta e imperfeita, seria aperfeiçoada mais tarde. Mesmo assim, seus efeitos se fizeram sentir logo. Promoveu a libertação de trezentos presos políticos (ainda que sem anistiá-los), devolveu os direitos civis a 128 banidos e 4877 cassados, permitiu a volta de 10 mil exilados e de suas famílias, e revogou a punição de 263 estudantes atingidos pelos decretos da ditadura, além de anular milhares de processos e condenações.

Mas, até chegar a essa concessão, a ditadura continuou fazendo vítimas, inclusive no jornalismo.

Um mártir da abertura

A notícia da morte de Vladimir Herzog me chegou de São Paulo por um telefonema de sua mulher, Clarice: "Mataram o Vlado!". Era o fim da tarde de um sábado, 25 de outubro de 1975, e eu tinha acabado de almoçar com amigos em casa. Minha reação foi tão sem sentido, tão absurda quanto o que eu acabara de ouvir: "Não brinca!". Fiquei repetindo, sem conseguir dizer mais nada, sem sequer perguntar pelas circunstâncias, que só fui obter ligando em seguida para Dorrit Harazim, grande amiga e na época editora de Internacional da revista *Veja*.

A versão oficial era a de que ele se suicidara enforcando-se com o cinto de seu macacão (que não tinha cinto) no DOI-Codi paulista, um centro de tortura do 2º Exército, onde se apresentara às oito da manhã, como prometera na véspera aos policiais que foram à TV Cultura intimá-lo a prestar esclarecimentos. Podia ter fugido. Diretor de Jornalismo da emissora, Vlado explicou aos companheiros de trabalho: "Não tenho nada a temer. Amanhã me apresento, esclareço tudo e volto para casa".

Naquele sábado mesmo, Vladimir Herzog foi torturado até à morte, por volta das três da tarde. Rodolfo Konder e George

Duque Estrada, como os outros dez jornalistas que estavam presos lá, acompanharam do lado de fora da sala as sessões de tortura — o rádio ligado a todo volume, as pancadas, os gemidos, os gritos fortes no começo, depois sufocados, finalmente silenciados. Vlado, soube-se depois, rasgara a confissão que fora obrigado a assinar, provocando no torturador uma reação descontrolada.

"Eles queriam silenciar Herzog", contou mais tarde o cardeal d. Paulo Evaristo Arns, "e encheram sua boca com lã, também para fazê-lo sofrer. Ele era cardíaco e o coração parou, e não conseguiram mais reanimá-lo."

Vladimir trocara a revista *Visão* pela TV Cultura havia pouco, em consequência de um acaso que me envolveu. Um dia, o diretor dessa emissora pública estadual paulista ligou perguntando se eu não queria ir a São Paulo para ouvir uma proposta. Fui, ouvi e fiquei de dar uma resposta no dia seguinte. Da portaria mesmo liguei para Vlado, que era editor de Cultura da *Visão*, cuja sucursal carioca eu chefiava. Precisava vê-lo antes de voltar ao Rio porque, anunciei, tinha novidade. "Eu também", ele disse.

Marcamos encontro num bar perto da redação e, quando cheguei, ele já estava me esperando, ansioso para dar a sua notícia primeiro: "Fui convidado para dirigir o Departamento de Jornalismo da TV Cultura e vou aceitar". Por alguns segundos, não acreditei. O diretor tinha feito o mesmo convite a nós dois. Inventei na hora outra proposta para mim (do *Jornal do Brasil*) e lhe dei os parabéns. Como, além de colegas, éramos amigos, se lhe contasse a verdade ia se criar uma situação embaraçosa: "Então vai você", "Não, vai você". Por isso é que o ator Juca de Oliveira, que soube dessa história não sei como, sempre que me encontrava, brincava: "Você é que deveria ter morrido no lugar dele".

Teria sido a segunda vez a escapar de morrer nesse ano. No dia 1º de setembro, com o carimbo de "secreto", o SNI enviara ao presidente Geisel a "apreciação sumária nº 02/GAB/75", com um capítulo sobre a infiltração comunista na imprensa. Na parte referente à *Visão*, estava escrito:

> Apesar de ter demitido mais de uma dezena de jornalistas esquerdistas, tendo em vista a sua nova orientação [...], ainda mantém em seus quadros ZUENIR VENTURA [assim mesmo, em maiúsculas], comunista apontado como o coordenador das campanhas que o PCB desencadeia na imprensa e também do remanejamento dos jornalistas esquerdistas nos órgãos de divulgação do país.

Vinte e oito anos depois, ao me comunicar a descoberta desse documento em suas pesquisas sobre a ditadura militar, Elio Gaspari repetiu mais ou menos Juca de Oliveira: "Você ia morrer". Segundo o autor da monumental série *As ilusões armadas*, minha sorte é que o SNI de Brasília não passou a "apreciação" para a agência paulista. "Como você não era do Partido Comunista e não tinha o que confessar, ia apanhar até morrer", concluiu Elio.

Vlado e eu trabalhamos juntos dois anos. O diretor-geral da sucursal do Rio, Jorge Leão Teixeira, fazia piadas com Vladimir, acusando-o de querer uma sucursal só para ele. Como a produção carioca comandava o movimento cultural do país, eu era quase "exclusivo" da editoria de Cultura, o principal provedor. Jorge brincava que eu era "full time do Vladimir".

Vlado na verdade escrevia pouco — do que gostava mesmo era de fazer escrever. Rimava rigor com mau humor. Primeiro, ria com os olhos. Quando fazia isso e sobretudo quando começava a coçar a careca, tirando pedacinhos de pele — uma careca que todo mundo achava parecida com a minha —, já se sabia que vinha reclamação.

Uma vez chegou a mandar Otto Maria Carpeaux reescrever um artigo, não uma reportagem, mas um artigo, quer dizer, um texto autoral. Carpeaux, grande intelectual e ensaísta, que trabalhava conosco no Rio, não tinha propriamente o domínio técnico do jornalismo, nem da paciência e, como Vlado não abria mão de suas cobranças, pode-se imaginar o tamanho do atrito que houve entre os dois.

Contado assim pode parecer que Vlado fizesse isso por arrogância, como afirmação de poder — uma prática muito comum em quem exerce esse tipo de função na imprensa. Mas não. Era capaz de mandar reescrever uma matéria duas, três vezes, sem constrangimento, porque achava natural não transigir com o erro, não conciliar com a imperfeição. Não lhe passava pela cabeça que alguém não pudesse compartilhar essa tranquila convicção.

Durante o tempo em que trabalhamos juntos, produzimos não só algumas matérias de que me orgulho até hoje, como construímos uma bela amizade — que incluía Clarice. Pelo menos de quinze em quinze dias, eu ia a São Paulo e às vezes dormia na sala da casa da Oscar Freire, que ficava nos fundos de um beco. Um portão cheio de desenhos infantis anunciava o astral do lar dos Herzog, que tinham dois filhos de seus onze anos de casamento: Ivo e André.

Dormia lá para podermos conversar até de madrugada sobre pautas, matéria, movimento artístico. Raramente falávamos de política. Não que o assunto não nos interessasse, mas é que conosco as coisas passavam antes pela cultura. Por isso a morte de Vlado me pareceu mais estúpida. Ele foi morto pelo que não fazia. Vlado não era um político, um militante, não usava a profissão para fazer contrabando ideológico, uma tentação daqueles tempos de sufoco em que, por não se respirar, procurava-se em qualquer lugar um pouco de ar.

Ao contrário — e esta era a mais admirável de suas virtudes profissionais —, Vlado não instrumentalizava o jornalismo, não fazia dele um pretexto político; acreditava na informação como força transformadora. Vivíamos repetindo aquela frase que é atribuída a Lênin: "A verdade é revolucionária".

A lembrança de tudo isso aumentava minha revolta. Não saía de minha cabeça a ideia de que tinham matado a pessoa errada, como se houvesse uma pessoa certa a matar.

É surpreendente como há personagens que crescem e se revelam nas situações-limite. O episódio da morte de Vladimir teve algumas — a principal delas foi sem qualquer dúvida Clarice, uma bem-sucedida publicitária. Nunca imaginei que ela, serena e mansa, sempre discreta, incapaz de levantar a voz e disputar espaço com o marido, fosse capaz de tanta coragem e determinação, transformando logo a dor e o pranto na obsessão de provar que Vladimir não tinha se suicidado. Foi ela quem disse primeiro "Mataram o Vlado!", uma frase que por não poder ser escrita pelos jornalistas passou a correr de boca em boca, como uma senha contra a farsa que havia sido montada no DOI-Codi.

Quando Clarice resolveu recorrer à Justiça, não foi fácil conseguir advogado. Chegou a ser aconselhada a desistir, mas continuou insistindo, numa procura penosa da qual tive a honra de participar. Por interferência de uma amiga, Guguta Brandão, prima de Heleno Fragoso, levei Clarice a ele, um respeitado criminalista do Rio, que aceitou acompanhar o caso na sua área e indicou para a área cível Sérgio Bermudes.

Três anos depois aconteceu o que parecia impossível. No dia 25 de outubro de 1978, a União foi considerada responsável pela prisão, tortura e morte de Vladimir Herzog. Dois jovens de 32 anos foram os heróis desse feito, considerado um marco na história da Justiça: o juiz federal Márcio José de Morais, que deu a sentença, e o processualista Sérgio Bermudes, que moveu a ação.

Terminava a farsa, e a tragédia ganhava um fim digno. Clarice obtinha o que procurou: a confirmação pelo Poder Judiciário de sua certeza de que Vladimir Herzog não se suicidara.

O jornalista Fernando Pacheco Jordão, amigo de Vlado e autor do melhor livro sobre os acontecimentos, o *Dossiê Herzog*, foi outra figura fundamental no episódio da morte e na crise que se seguiu. Como quase membro da família, deu muito apoio à viúva e às crianças. Coube a ele anunciar com todas as letras a Audálio Dantas e a d. Paulo Evaristo Arns a morte de Vladimir. Ao ouvir a frase "Mataram o Vlado!", o cardeal-arcebispo praticamente propôs: "Não sei se não é a hora de um protesto mais forte. Quem sabe, sair pela rua".

O desempenho mais surpreendente, porém, foi o de Audálio, então presidente do Sindicato dos Jornalistas Profissionais do Estado de São Paulo. Dez anos antes, trabalháramos na revista *O Cruzeiro*, onde ele era repórter. Em 1958, enviado pelo *Diário de São Paulo* à favela do Canindé para uma reportagem, descobriu os cadernos de uma moradora, Carolina Maria de Jesus. Publicados em livro em 1960, esses diários se transformaram num dos maiores best-sellers da época, *Quarto de despejo*, traduzido em vários países.

Modesto, cordato, nada fazia supor nele vocação de chefia. Pois foi quem, agindo com serena firmeza e habilidade política, liderou os jornalistas num dos momentos mais difíceis por que passou a categoria durante a ditadura militar. Com atos e palavras na medida certa, fugindo das provocações e evitando ser pretexto para a repressão, Audálio sabia que não podia confrontar o general Ednardo D'Ávila Mello, comandante do 2º Exército, que movia contra os jornalistas um cerco mortal que incluía difamação, perseguição, prisões arbitrárias e tortura.

A nota de convocação para o sepultamento era uma mistura de prudência e arrojo. Como não podia ser uma denúncia explícita à altura da indignação da classe, que pelo menos insinuasse o que estava se passando. Assim, com cautela, manteve-se dentro dos limites impostos pelo regime, mas não deixou de se referir às prisões arbitrárias e à incomunicabilidade que excedia os dez dias permitidos pelo AI-5.

Pela primeira vez, ia-se assistir ao sepultamento de um preso assassinado nos porões da ditadura. Nunca antes ou depois acompanhei um enterro tão tenso e com tanta revolta contida. Agentes da repressão mal disfarçados de cinegrafistas vigiavam as cerca de mil pessoas que compareceram ao Cemitério Israelita, no quilômetro 15 da rodovia Raposo Tavares. A Clarice só permitiram que visse rapidamente o corpo do marido.

Não foi dado pretexto para a repressão, mas aos poucos o medo foi cedendo lugar à indignação e esta a algumas ações. O 2º Exército divulgara correndo o laudo do legista Harry Shibata, do IML, atestando suicídio, o que levaria o judeu Vladimir Herzog a ser enterrado à parte, como manda a tradição judaica. O rabino Henry Sobel, no entanto, negou-se a enterrar Vlado no lugar reservado aos suicidas. Quase trinta anos depois, conversando sobre o episódio, ele me disse que aquela foi sua maneira de mostrar que o laudo era uma farsa.

Provavelmente para observá-los conversando com colegas, as autoridades autorizaram a presença de quatro dos jornalistas presos. Me lembro de Rodolfo Konder chorando, como todo mundo, e dizendo baixinho: "Não pergunte nada, eles matam, eles matam". De repente, Audálio quebrou o silêncio declamando Castro Alves:

Senhor Deus dos desgraçados,
Dizei-me Vós, Senhor Deus,
Se é mentira, se é verdade,
Tanto horror perante os céus.

Entretanto, a fala mais impressionante foi a da atriz Ruth Escobar, talvez pela dramaticidade de sua voz de coro grego: "Até quando vamos continuar enterrando nossos mortos em silêncio?".

À noite, cerca de trezentos jornalistas em assembleia no Sindicato aprovaram a sugestão de David Moraes de que se realizasse um culto ecumênico em memória de Vlado. No dia 31 de outubro, a cerimônia era celebrada na Catedral da Sé pelo cardeal d. Paulo Evaristo Arns, por d. Hélder Câmara, arcebispo de Olinda e Recife e tido pelo regime como grande inimigo, pelo rabino Henry Sobel e pelo reverendo James Wright. Marcada para as dezesseis horas, só pôde começar meia hora depois porque d. Paulo ficara detido num gigantesco engarrafamento.

O coronel Erasmo Dias, secretário de Segurança do governador Paulo Egydio Martins, montara a chamada Operação Gutemberg, colocando mais de quinhentos policiais em 385 barreiras para impedir que se chegasse à igreja. Mesmo assim 3 mil pessoas assistiram ao inédito culto. Uma delas, o jornalista Ricardo Setti, lembra até hoje como ficou trêmulo de emoção ao ouvir as palavras iniciais de d. Paulo, citando a Bíblia: "Maldito aquele que tem as mãos manchadas pelo sangue de seu irmão".

Não é que o medo tivesse desaparecido. Como disse Audálio, "nossa indignação foi maior que ele. Há momentos na vida em que as pessoas dizem chega, basta".

Naqueles tempos difíceis de viver e trabalhar, Vlado soube viver, trabalhar e morrer com dignidade. Para mim, ele ficou sendo o símbolo da abertura cultural que estava contida naquele número especial de *Visão* (de que falei em capítulo anterior), assim como se transformou, quase vinte meses depois, no mártir da abertura jornalística. Foi a partir do choque causado por sua morte — com toda a indignação e revolta que espalhou — que a imprensa brasileira tomou coragem de avançar até o horizonte do possível.

O pênis não preservado

Era um plantão que parecia não reservar nada de extraordinário, aquele da noite de 30 de abril de 1981, uma quinta-feira, na sucursal Rio da revista *Veja*, que ficava na Cinelândia, no centro do Rio. Véspera de feriado, Dia do Trabalho, muita gente já havia deixado a cidade. A revista trabalhava com dois fechamentos, um na quinta e outro na sexta. Como chefe da redação, eu permanecia sempre até certa hora e depois, em casa, com o telefone na mesa de cabeceira, podia ser acionado sempre que preciso.

Mais ou menos às 22 horas, já tínhamos feito a ronda por telefone das delegacias e hospitais, acabáramos de mandar para São Paulo o material de quinta e íamos sair para jantar — Ancelmo Gois, Artur Xexéo, Terezinha Costa e eu —, quando de repente nossa conversa e a programação da TV Globo foram interrompidas por uma notícia extra: uma bomba acabara de explodir no Riocentro, onde se realizava um grande show musical. Liguei para a direção da revista avisando, chamei o fotógrafo e partimos em direção à Barra da Tijuca.

Não sei se fazíamos ideia de que íamos para a cobertura de um acontecimento que seria para o jornalismo e a democracia algo assim como fora a morte de Vladimir Herzog no DOI-Codi de São Paulo em 1975. Tratava-se de um atentado terrorista de direita, que significou mais pelo que poderia ter sido do que, felizmente, pelo que foi. O tiro saiu pela culatra. Em vez de explodir em meio aos 20 mil espectadores, a bomba acabou sendo detonada por acaso dentro do próprio carro dos terroristas, um Puma, matando o sargento que a carregava no colo e ferindo o capitão que dirigia o automóvel.

Hoje, uma história fácil de entender. Dois integrantes do Exército à paisana foram ali com a missão secreta de não só provocar um massacre como de ferir de morte o processo de abertura política do general João Figueiredo, que advertira: "É para abrir, senão eu prendo e arrebento". Na época, mesmo com a abertura política em curso, uma história difícil de contar.

Chegamos ao Riocentro por volta da meia-noite, esperando encontrar tumulto, trânsito engarrafado, mas o local estava tranquilo. Promovido pelo Cebrade, uma entidade ligada ao Partido Comunista, o show continuava, sem que lá dentro se soubesse o que tinha acontecido. A cantora Elba Ramalho, ao abrir o espetáculo, conclamara a plateia com um grito de "Votem!", e os aplausos impediram que se ouvisse a primeira explosão no carro e uma segunda, dez minutos depois, na casa de força do centro de convenções.

Atrás do cordão de isolamento a uns dez metros da explosão, tentávamos sem sucesso convencer um PM a nos deixar chegar mais perto, enquanto ele vibrava com a descoberta macabra que acabara de fazer: "Olha lá o cachorro lambendo os dedos do morto!". Nesse momento, um jovem oficial com uma metralhadora na mão nos ameaçou: "Se tirarem fotografias, eu arranco o filme de vocês".

Mais preciso que a memória é o meu depoimento no livro *Bomba no Riocentro*, que a jornalista Belisa Ribeiro publicou logo depois. Ali conto como estávamos meio perdidos, "até que um colega, não lembro bem qual, comentou: 'Porra, Zuenir, e agora?'. E eu perguntei: 'E agora o quê?'. E ele falou: 'Um capitão e um sargento'. Aí me veio pela primeira vez a ideia de que eles poderiam estar carregando as bombas".

Xexéo e Terezinha ficaram no Riocentro até de manhã. Ancelmo e eu nos dirigimos ao Miguel Couto, para onde fora levado finalmente o ferido, depois de passar por outro hospital, o Lourenço Jorge, na Barra. Um jovem casal de namorados o conduzira de carro.

"Vimos aquele homem segurando o estômago aberto e fazendo sinais para os que passavam", conta Andrea Neves, irmã do ex-governador de Minas Aécio Neves e neta de Tancredo. "Um táxi chegou a acelerar quando viu o ferido. Sérgio e eu paramos e o recolhemos." Depois de deixá-lo no hospital, o casal voltou para enfim assistir ao show. Só então soube da explosão. Durante a viagem o oficial não disse nada.

Por ironia, o capitão Wilson foi salvo por dois jovens que provavelmente seriam mortos se a bomba não tivesse explodido antes, do lado de fora, e se eles não tivessem chegado atrasados para o espetáculo.

Estávamos na portaria do Miguel Couto, Ancelmo e eu, juntos com outros colegas, quando tocou o telefone do hospital e resolvi atender. Era uma pessoa querendo falar com alguém da família do capitão — e disse o nome todo: capitão Wilson Luís Chaves Machado. Em seguida, revelou o seu: Aloísio Botelho Chaves Maia, ou Maia Chaves, não me lembro bem.

Subi então ao segundo andar com a certeza de que ia obter um furo. Ao grupo de duas mulheres e três homens que conversavam em voz baixa, anunciei o telefonema. Uma senhora se adiantou, identificando-se como a mãe do oficial. Fiz um ar preocupado e perguntei como estava passando seu filho. "Não sei, eles (os médicos) não dizem nada." Aí fingi solidariedade: "Mas como é que isso foi acontecer?". Quando ela ia dizer alguma coisa, um jovem de óculos interrompeu o diálogo que mal começara: "Pode deixar que eu desço com ele. Lá embaixo tem muito jornalista". No elevador, limitou-se a dizer que era primo do capitão.

Meus colegas me receberam com inveja, imaginando o furo que eu teria conseguido, e eu com cara de tacho. Nem o nome do capitão era mais exclusividade. O hospital já tinha fornecido para a imprensa, que no dia seguinte mesmo, sexta-feira, o publicou.

Com mais 24 horas para apurar (a *Veja* podia estender o fechamento até a manhã de sábado), pude avaliar o quanto os jornais trabalharam bem aquela noite, pressionados pelo tempo e pelas circunstâncias, sem poder dar um passo em falso. Analisando o noticiário e recolhendo depoimento de uns vinte jornalistas, Belisa fez um *making-of* da cobertura do episódio. Lido hoje, o livro restitui um pouco daquele tempo, o clima em que se vivia e se trabalhava: as pressões militares, as ameaças, a dificuldade de apuração, a descarada mentira oficial.

No dia 2 de maio, enquanto as autoridades militares armavam a farsa para convencer a opinião pública de que o sargento Guilherme Rosário e o capitão Wilson eram vítimas e não culpados — terroristas eram os comunistas —, o repórter político Villas-Boas Corrêa antecipava o que era sabido, mas ainda não provado. Num artigo no *Jornal do Brasil*, "A bomba explodiu no Planalto", ele denunciava a explosão como "acidente de trabalho" e relacionava o atentado com outros registrados pouco antes: contra a OAB, a ABI e a Câmara dos Vereadores (só nos dezesseis meses anteriores, ocorreram 38 ações terroristas de direita).

Esta seria a luta: de um lado, os repórteres fuçando, descobrindo, tentando mostrar; de outro, os militares fazendo tudo para esconder. Poucas vezes os jornalistas usaram tão bem, como arma, o fato, a evidência, as provas, os elementos de convicção.

Aparecem nos depoimentos recolhidos por Belisa os momentos difíceis, as decisões cruciais, a ansiedade, o medo. Há também os chefes lamentando não ter mandado repórter para o show, porque terminaria tarde, já depois do fechamento. Com isso, ninguém cobriu o atentado, nem a TV Bandeirantes, que patrocinava o evento, mas cujo pessoal não ouviu a explosão. A partir dessa lição, a imprensa aprendeu que, em dúvida, pró-cobertura sempre.

Desde os primeiros dias, o Exército construiu uma versão tentando provar que a bomba fora colocada no carro por algum comunista. Para dar ares de seriedade às investigações, instauraram um Inquérito Policial Militar (IPM) que, sessenta dias depois, concluiu que "os militares, ao que tudo indica, teriam sido vítimas de uma armadilha ardilosamente colocada no carro do capitão".

Para encenar a farsa, o coronel Job Lorena de Sant'Anna, encarregado do inquérito depois que um colega seu desistiu da tarefa, reuniu a imprensa para uma inédita entrevista coletiva: os repórteres não podiam perguntar, só ouvir. Com a luz apagada, uma grande tela e um projetor de slides ele expôs detalhadamente a sua tese: a bomba não estava no colo do sargento, e sim entre o banco e a porta direita dianteira do Puma. Tanto que — e esse era o principal argumento do coronel — "o pênis [do sargento morto] fora preservado".

Não só o pênis não fora preservado, como a noção de ridículo do coronel. Ao projetar a foto com uma faixa preta cobrindo o cadáver da barriga para baixo, ele queria fazer crer que agia assim por pudicícia. Não era. A imagem desmentia sua hipótese e confirmava o laudo cadavérico, que afirmava estar "a genitália externa dilacerada". Qualquer um que olhasse a foto, publicada nos jornais, via a massa informe de carne em que se transformara o baixo ventre do sargento.

A farsa teve pernas curtas. *O Estado de S. Paulo* publicou o laudo dos legistas Elias de Freitas e João Macuco Janini, afirmando: a "genitália está dilacerada". *O Jornal do Brasil* conseguiu um Puma exatamente igual ao do capitão e fez um teste ilustrado por sete fotos, provando que a bomba não cabia no lugar indicado pelo coronel e, se coubesse, ficaria visível por quem abrisse a porta ou se sentasse no banco.

Apesar das evidências escandalosas, o IPM acabou arquivado. As várias tentativas para desarquivá-lo foram inúteis. Em outubro de 1981, num dos julgamentos do caso pelo Superior Tribunal Militar, o almirante Julio de Sá Bierrenbach proferiu o seu voto, que foi vencido. Ele diz:

> O que não resta dúvida é que a bomba explodiu no colo do sargento Rosário. O estado em que ficou seu ventre, consignado no Auto de Exame Cadavérico, por dois médicos legistas e pela fotografia constante dos autos [...], cuja cópia distribuo neste julgamento aos senhores Ministros, desfazem qualquer dúvida que poderia haver a esse respeito.

Era a palavra inquestionável de alguém que, além da alta patente e das condecorações, era um respeitado juiz militar.

Foi preciso uma década para que a verdade viesse a público por meio de uma testemunha insuspeita. No dia 28 de abril de 1991, *O Globo* publicava na primeira página a manchete: "Figueiredo, dez anos depois: Bomba do Riocentro foi obra de militares". Numa longa entrevista ao jornalista Aziz Filho, ele alegava que o caso, por ter sido levado à Justiça, não era de sua área, não lhe cabendo na ocasião opinar ou punir: "Fosse eu do Judiciário, talvez o resultado fosse diferente".

Como observou o repórter, o ex-presidente contestava com um atraso de dez anos a "história oficial que ajudou a escrever", admitindo finalmente que o atentado "foi mesmo obra dos militares apontados como vítimas no IPM arquivado pelo STM". Não explicava por que não exigiu apuração para valer, ele que podia tudo então.

Ao contrário do general, a imprensa agiu na hora e não teve do que se arrepender. Acho que se precisasse escolher um momento de orgulho da profissão, ficaria em dúvida entre o episódio da morte de Vladimir Herzog e o da bomba do Riocentro. Em um, Audálio Dantas deu o basta, como se viu no capítulo anterior. No outro, Villas-Boas Corrêa deu um passo à frente, com cautela, mas além do permitido. Num caso, a imprensa se defendeu; no outro, avançou. Nos dois episódios, sabendo dos riscos e morrendo de medo. Daí a importância deles.

Um verão colorido

No famoso "verão da abertura", de 1979-80, Fernando Gabeira escandalizou a esquerda ao aparecer no Posto 9, em Ipanema, vestindo uma minúscula tanga de crochê lilás, sobre a qual, aliás, há divergências. Uns dizem que não era tanga nem era lilás, e sim o biquíni azul e amarelo de sua prima, a jornalista Leda Nagle, em casa de quem se hospedou logo após chegar de um exílio de nove anos. Outros garantem que era de fato uma tanga comprada por ele na loja Fiorucci. As duas versões procedem.

Às vésperas do Carnaval de 2005, quando escrevia este capítulo, encontrei por acaso Leda, que me esclareceu o episódio: Gabeira, na primeira vez em que foi à praia após a volta ao Brasil, usou a parte de baixo do seu biquíni. Ao posar depois para a foto que ficou famosa, porém, ele estava com a tanga de crochê lilás.

Mais do que moda, a peça virou um manifesto político, um desafio ao machismo dos comunistas tradicionais e até dos esquerdistas radicais, politicamente revolucionários e moralmente conservadores. Ela funcionou como uma espalhafatosa ilustração do que um ano antes, em 1978, ele expusera numa entrevista ao *Pasquim* feita por Ziraldo em Paris. Aí surgiam algumas das questões com as quais a agenda marxista brasileira não estava acostumada: culto do corpo, liberdade sexual, direitos da mulher, homossexualidade, ecologia, racismo.

A histórica entrevista, que contou com a participação de Darcy Ribeiro, do líder comunista Gregório Bezerra e dos jornalistas Milton Temer (em casa de quem foi feita), José Maria Rabelo e Geraldo Mayrink (o outro seria eu, mas fiquei retido em Londres por uma greve de avião), aconteceu por acaso, como Ziraldo explicou ao apresentá-la: "Não sei por que eu disse: 'Milton, para esse carro e vamos dar uma voltinha pelos Champs-Élysées'". Ao subir os degraus do estacionamento subterrâneo, a surpresa: "E eu dei de cara com o Fernando Gabeira, meu conterrâneo, meu corajoso amigo [...]".

O jornalista e ex-guerrilheiro, exilado na Suécia, estava passando uns dias em Paris.

Muito em função desse encontro, nasceram o livro *O que é isso, companheiro?*, editado pelo *Pasquim*, e uma das mais festivas recepções a um anistiado político daquela época. Graças a uma banda de música contratada por Ziraldo e à turma que convocou, Gabeira saiu do aeroporto do Galeão como um herói carregado em triunfo.

Seu sucesso junto aos jovens foi imediato, e uma noite presenciei uma cena engraçadíssima em casa. A pedido de meus filhos, Mauro e Elisa, reuni seus amigos para conversarem com quem era a sensação do momento. Junto com Gabeira veio outro ex-guerrilheiro, que no exílio assumira sua homossexualidade. Desconfiava-se, sem fundamento, já que ele não teria problemas de admitir, que Gabeira fizera a mesma opção.

Sentado ao meu lado, num canto, o ex-exilado gay não escondia a inveja de ver o companheiro brilhando entre aquele bando de adolescentes deslumbrados. De repente, não se conteve e desabafou para todo mundo ouvir, principalmente os jovens: "Eu é que dou o rabo e Gabeira é que leva a fama".

Tudo isso fazia parte da onda de novidades que envolveu a cultura e o comportamento durante essa travessia dos anos de chumbo para os da transição política. A sucursal Rio de *Veja*, graças ao olhar de repórteres como Artur Xexéo, Joaquim Ferreira dos Santos, Lucia Rito e Eva Spitz, acompanhou esse movimento como talvez nenhum outro veículo.

Nas areias do Arpoador, assistia-se de graça aos shows pioneiros de Baby Consuelo e Pepeu Gomes. No teatro, um grupo de vanguarda lançava talentos como Regina Casé, Luiz Fernando Guimarães, Evandro Mesquita, Hamilton Vaz Pereira — o Asdrúbal Trouxe o Trombone. O psicanalista Eduardo Mascarenhas fazia tanto sucesso na televisão que a temporada chegou a ser chamada de "verão da psicanálise". Como uma espécie de trilha sonora da estação, surgia "Menino do Rio", talvez a canção mais sensorial, senão a mais sensual, que Caetano Veloso já fez. Há versos para todos os sentidos. "Calor que provoca arrepio/ Dragão tatuado no braço/ Tensão flutuante do Rio/ Pois quando eu te vejo eu desejo o teu desejo/ Coração de eterno flerte/ Adoro ver-te."

Também nas areias de Ipanema a abertura apresentava avanços e recuos, embates entre a liberalidade e a intolerância, os quais podiam se transformar em batalha campal. Quando duas jovens tentaram praticar topless na praia, foram cercadas por uma centena de pessoas que quase as lincharam jogando sobre elas areia e latas de cerveja. Da mesma maneira, as atrizes Tônia Carrero, Glória Pires e Maria Padilha foram expulsas do Posto 9 quando banhistas souberam que elas pretendiam gravar uma cena simulando topless para a novela *Água Viva*, de Gilberto Braga.

Apesar das resistências conservadoras, houve outras experimentações comportamentais. Foi nesse fim do "sufoco" dos anos de chumbo que personagens do meio artístico do Rio e de São Paulo testaram um modelo de conduta que significava uma despedida do engajamento afetivo e uma retomada da revolução sexual da geração de 68. Esse novo tipo de relacionamento sentimental e sexual pode ter sido o precursor da modalidade ainda mais fugaz e incerta que iria aparecer nos anos 2000: o "ficar".

Durou pouco, mas foi adotado em certos meios. "A amizade colorida", explicava a matéria da sucursal Rio da *Veja*, revelando o fenômeno, "implica uma relação de afinidades que, eventualmente, segundo seus defensores, pode levar a que o homem e a mulher vão para a cama juntos sem culpa e sem compromisso." Vários artistas apareciam defendendo a prática. A atriz e modelo Mila Moreira, por exemplo, adepta fervorosa, apresentava uma curiosa definição: "Amigo colorido é o que vai para a cama com você, para você não ter de ir com qualquer um".

Havia os casos de longas amizades em preto e branco que tinham se transformado em coloridas, como a do cineasta Domingos Oliveira e a roteirista Lenita Plonczynski, casados durante dez anos e que, separados, viraram amigos de outras cores. Quase o mesmo ocorrera com a atriz Marília Pêra e o jornalista Nelson Motta, que, segundo a matéria, "acabaram com um casamento convencional e, em apartamentos separados, continuam até tendo filhos juntos, como aconteceu recentemente".

O ator Fernando Eiras era um declarado amigo colorido das atrizes Beth Goulart e Zezé Motta. Caetano Veloso, casado com Dedé, tinha duas amigas coloridas: a atriz Regina Casé, para quem fizera "Rapte-me camaleoa", e a estudante paulista Vera Zimmerman, depois atriz, a quem dedicara a música "Vera gata". Com namorado fixo, Vera explicava como se comportava: "Se a gente estiver num lugar em que Caetano também está, pode estar certo de que vamos nós dois, eu e a minha paixão, encontrá-lo".

O fenômeno teria começado entre os adolescentes, que não se conformavam com algumas obrigações de praxe, como telefonar no dia seguinte ao início de um namoro.

Quem não achava muita graça na moda era Fernanda Montenegro, casada com Fernando Torres havia 28 anos: "Duas pessoas que seguem juntas para o resto da vida, isso é que é subversivo, revolucionário. Essa amizade colorida é tão velha quanto a Sé de Braga".

Aproveitando a onda colorida e o sucesso que obtivera *Malu mulher*, dirigida por Daniel Filho e interpretada por Regina Duarte sobre um novo tipo feminino, independente e emancipado, a TV Globo resolveu lançar uma minissérie que se chamaria *Edu homem* e acabou sendo batizada de *Amizade colorida*. Era a resposta masculina à liberada Malu. Um fotógrafo solteiro e conquistador, mas inseguro diante dessas mulheres cada vez mais donas de si, levava a vida buscando novos relacionamentos e conquistas amorosas.

Sucesso entre as vanguardas do comportamento, a nova prática enfrentou fortes resistências ao ser lançada nacionalmente. A minissérie concebida por Armando Costa, Lenita Plonczynski, Bráulio Pedroso e Domingos Oliveira, e dirigida por Paulo Afonso Grisolli, Denis Carvalho, Walter Campos e Ary Koslov, foi apenas até o 11º capítulo. Já no primeiro, Grisolli foi obrigado pela censura a fazer 42 cortes. Entre outras coisas, irritava muito os censores o hábito que o fotógrafo tinha de andar de sunga pela casa. Quando foi exibido o episódio "Gatinhos e gatões", em que Edu (Antonio Fagundes), além da sunga, ainda transava com mãe e filha, um grupo de mulheres paulistas organizou um manifesto de protesto com 100 mil assinaturas.

Apesar da frente conservadora, muito se avançou nesse curto período. Libertos pela pílula anticoncepcional do medo da procriação que atormentara as gerações anteriores, e inconscientes dos riscos que estavam por vir em breve, homens e mulheres experimentaram alguns modelos de conduta até então inéditos.

 A camisa de vênus, que vestira a juventude de minha época, evitando a gravidez indesejada e as doenças venéreas, tinha saído de moda, tanto quanto a galocha, com a qual, aliás, se fazia irônica analogia. Me lembro de ter explicado a meus filhos e seus amigos pré-adolescentes que existira um tempo em que as pessoas precisavam usar aqueles anacrônicos e incômodos preservativos. Acho que a imagem de que isso era o mesmo que chupar bala com papel surgiu nessa época.

 Não se desconfiava então da importância que a história tinha reservado para essa pele de borracha na luta contra o flagelo que viria a seguir.

A chegada da peste

Minha geração enfrentou dois flagelos universais, que deixaram pelo caminho muitas vítimas. Venceu um, a tuberculose, e, quando escrevi este capítulo, em 2005, ainda luta contra o outro, a aids. O personagem que melhor encarnou essa luta no Brasil foi Herbert (Betinho) de Souza, o irmão de Henfil, aquele mesmo da canção "O bêbado e a equilibrista", de Aldir Blanc e João Bosco. Hemofílico como seus dois irmãos, tuberculoso na juventude, desenganado, ele já se preparava para a morte quando leu a notícia da descoberta de um medicamento contra a doença, a hidrazida. "Isso vai me curar", decidiu. Em três meses o remédio, não disponível no Brasil, estava em suas mãos e ele se curou da tuberculose.

Em 1987, aos 52 anos, Betinho aguardava a manifestação da aids, cujo vírus já se instalara em seu organismo, quando me deu uma entrevista para o *Jornal do Brasil*, revelando uma desconcertante coragem. Seus dois irmãos — o humorista Henfil, de 42 anos, e o compositor Chico Mário, de trinta, ambos também hemofílicos e soropositivos — estavam em pior situação. Em Chico, a doença já se manifestara. Henfil, que se encontrava internado, apresentava um quadro complexo que misturava septicemia com sintomas imprecisos que podiam ou não ser de aids (Henfil morreu dois meses depois e Chico Mário, cerca de seis).

Depois de nove anos de exílio e cinco de clandestinidade — quando a prisão podia significar tortura e esta, num hemofílico, a morte —, Betinho era secretário executivo do Ibase (Instituto Brasileiro de Análises Sociais e Econômicas), presidente da Coordenação Nacional da Reforma Agrária e dirigente da Abia (Associação Brasileira Interdisciplinar de Aids). Trabalhava dez horas por dia com uma energia que não se sabia de onde tirava.

Ele sabia. Dizia que era da própria hemofilia, que, segundo ensinava, produz dois tipos de pessoas: as que se submetem à doença e as que lutam contra ela. "As que se submetem sofrem muito mais, têm mais hemorragia, mais artrose. As que lutam, essas podem passar um tempo imenso tendo vida ativa, mesmo que do ponto de vista clínico seu estado seja grave."

Betinho sonhava que acontecesse com a aids o que se dera com a tuberculose, e naquele momento mostrava-se muito animado com a descoberta de um anticorpo que destruiria o vírus. "Daqui a pouco (rindo), vão ter que fazer a 'descampanha' da aids: 'Furem as camisinhas, trepem à vontade, façam amor adoidado porque acabou a paranoia.'"

Quando lhe perguntei que cuidados uma pessoa nas mesmas condições deveria tomar, ele foi taxativo:

Não entrar em situação depressiva. A depressão mata mesmo sem aids. Tem gente que se canceriza. O principal remédio é manter o horizonte da esperança. Por isso me recuso a dizer que sou um condenado e que a aids não tem cura. Me recuso até a dizer que é um desastre; é um desafio que a humanidade está enfrentando. E sobretudo não aceito o estigma, não internalizo o anonimato. Isso faz um mal terrível.

Betinho fora infectado numa transfusão de sangue, e só por isso admitia a condição de vítima.

Mas uma vítima que quer partir para o ataque. Quero que a aids tenha cura, quero que o governo brasileiro assuma a sua responsabilidade perante os crimes que cometeu no passado em relação ao sangue, quero que ele dê assistência aos aidéticos, deixe de dar dinheiro para as armas atômicas para cuidar da saúde do povo. Não só da saúde, mas da miséria, da pobreza, da esquistossomose, da doença de Chagas etc.

O que mais impressionava nessas confissões de um condenado à morte era a serena lucidez que não o impedia até de ressaltar os aspectos "positivos" da doença. Ele acreditava que ela iria fazer a ciência avançar.

Com a aids, ficou claro que o importante é dominar o sistema imunológico. Ela é uma doença de fronteiras. Abre fronteiras novas — o triste é que vai custar a vida de muita gente. Se não fosse isso, ela seria uma doença providencial, porque reorienta toda a medicina.

Uma das partes polêmicas da entrevista foi sua resposta à minha pergunta "Você recorreria à eutanásia?":

Se eu chegar a uma situação irreversível, acho que tenho o direito de morrer. Não acho que tenha que sofrer para morrer, e existem situações em que a vida não vale o sofrimento. Quero viver como pessoa, não como pedaço de corpo.

Betinho viveu como "pessoa" mais dez anos. O irmão do Henfil, que tinha na veia não apenas o vírus da aids, mas também do humor, terminou nossa conversa confessando o seu grande temor. "Já celebrei um fim, espero celebrar outro. A única coisa de que tenho medo é de avião. Desse, sim, eu tenho um medo desgraçado."

Não por acaso, a entrevista se chamou "Uma lição de vida".

Dois anos depois, outro Herbert, o Herbert Daniel, então com 43 anos, seria o primeiro intelectual gay no Brasil a vir a público falar de sua dupla condição de homossexual e portador do vírus HIV. Ex-membro da Vanguarda Popular Revolucionária e companheiro de Carlos Lamarca na luta armada contra a ditadura militar, ele passara sete anos no exílio. Agora militava em vários movimentos populares. Ao se descobrir soropositivo, sua primeira providência foi se ocupar da vida não depois, como dizia, mas antes da morte.

"De um momento para outro, o simples fato de dizer 'eu estou vivo' tornou-se um ato político. Afirmar minha qualidade de cidadão *perfeitamente vivo* é uma ação de desobediência civil."

Na mesma linha de Betinho, Daniel se rebelava contra o estigma, contra a aids como metáfora, parafraseando a ensaísta americana Susan Sontag, que, falando do câncer no livro *A doença como metáfora*, dizia ficar "enfurecida" ao verificar "como a própria reputação dessa doença aumentava os sofrimentos das pessoas que a têm".

Herbert Daniel recusava até mesmo o adjetivo: "Descobri que não *sou* 'aidético'. Continuo sendo eu mesmo. Sei que aids pode matar, mas sei que os preconceitos e a discriminação são muito mais mortíferos. Meu problema, como o de milhares de outros doentes, não é reclamar mais fáceis condições de morte, mas reivindicar melhor qualidade de vida".

Nos Estados Unidos, o flagelo da aids era comparado à invasão da sífilis quinhentos anos antes na Europa. "Os anos 1980", escrevia um jornalista do *Los Angeles Times*, "serão mais lembrados como a década da aids do que como a de Ronald Reagan."

No Brasil, ela não foi menos devastadora. Descoberta em 1981 e chamada de "câncer gay", a temível Síndrome de Deficiência Imunológica Adquirida, aids na sigla em inglês, chegou aqui em 1985, ou melhor, à imprensa, espalhando o pânico nas relações sexuais. Fechou o ano com mais de 20 mil vítimas em todo o mundo, das quais a mais famosa foi o ator americano Rock Hudson. Entre nós, a vítima mais conhecida foi o cenógrafo e diretor de teatro Flávio Império. A doença começou o ano com 163 casos entre brasileiros e terminou com quase quinhentos.

Em 1986, ela já estava provocando "a maior crise de comportamento dos últimos tempos", como escreveu Joaquim Ferreira dos Santos no *Jornal do Brasil*.

> A aids saiu da Lapa e foi pro quarto dos casais modernos. Quem amou teve medo. A permissividade, os bares de single, a praia do Pepino, os motéis da Rio-Petrópolis, tudo isso entrou em crise. Uniões do tipo jogo-rápido saíram de moda, e quem lê jornal sabe que amor livre não se usa mais.

Joaquim contava uma história que virou lenda, mas que ele garantia ser verdadeira. Um rapaz transou com uma jovem e, de manhã, ao procurá-la pelo quarto do motel, não a encontrou, e sim uma mensagem escrita com batom no espelho do banheiro: "Bem-vindo ao mundo da aids".

Ao contrário de Betinho e de Herbert Daniel, o cineasta Leon Hirszman não quis assumir publicamente a aids. A sua história me afetou particularmente porque se tratava de um de meus mais queridos amigos — meu, de minha mulher desde a adolescência, e de meus filhos. Acompanhar de perto seu sofrimento e morte foi tão penoso para mim quanto escrever o seu obituário no dia 17 de setembro de 1987.

A primeira manifestação da doença em Leon se deu através do sarcoma de Kaposi, um câncer de pele associado à aids, mas nem sempre manifestação dela. Surgiu como uma mancha no pé e depois se espalhou pelo corpo. Leon chegou a se tratar no Instituto Pasteur, de Paris, com o médico Willy Rosenbaun, que lhe aplicou Interferon, um medicamento com o qual estava obtendo bons resultados em vários pacientes. Mas já era tarde. Como tarde também foi o AZT que, a muito custo e no contrabando, Betinho conseguiu para o amigo.

Leon foi o cineasta que pensou de forma mais sistemática as questões políticas de seu ofício, desde a estreia com *Pedreira de São Diogo*, até a belíssima trilogia *Imagens do inconsciente*, passando por *São Bernardo* e *Eles não usam black-tie*. Sua base teórica de marxismo foi reforçada nos anos 1960 no Chile, num seminário sobre *O capital* com a economista Maria da Conceição Tavares.

Glauber, o político, dizia que Leon era "a cabeça política do cinema novo". Os dois, muito amigos, se completavam. Ao contrário de Glauber, um agitador, Leon era um aglutinador. O diretor de *Deus e o diabo na terra do sol* gostava da ruptura; o de *São Bernardo*, da solda. Talvez por isso eles nunca tivessem brigado. Leon morreu seis anos depois do amigo.

Minha matéria sobre a morte de Leon começava com uma informação que provocou reações negativas entre nossos amigos comuns. Eu escrevi: "Morreu na madrugada de ontem, de aids, o cineasta Leon Hirszman, que no dia 22 de novembro (1987) faria cinquenta anos". Foi um choque tornar pública a causa mortis. A jornalista Norma Pereira Rego, minha amiga e primeira mulher do cineasta, não se conformou. Resumindo a posição de outras pessoas, ela achava que eu não tinha o direito de fazer a revelação.

A objeção fazia sentido na época. A aids ainda era tão associada à homossexualidade que, aos olhos do público, suas vítimas eram logo incluídas na categoria dos gays, independentemente do grupo de risco a que pertencessem. "Suspeita-se", dizia a matéria, "que Leon possa ter contraído a doença na aplicação de um plasma sanguíneo injetado para combater, há cerca de três anos, uma mononucleose." Mesmo assim houve quem não concordasse com a publicação do diagnóstico.

O que me levou a publicar a informação foi o fato de que o segredo acabou vazando para quase toda a área cinematográfica e musical. O próprio Leon desconfiava disso. Na última fase de sua vida, sentindo-se abandonado por alguns amigos queridos, queixou-se com humor irônico da falta de pelo menos um telefonema: "Afinal, por telefone não tem perigo".

Na luta contra o preconceito e o estigma, Cláudia Fárez se destacou pela coragem. Quando a doença foi diagnosticada, em 1986, ela tinha terminado o namoro com Leon havia um ano. Mesmo assim fez questão de estar ao seu lado até a morte. Ainda que sempre assistido por suas irmãs, Shirley e Anita, por suas filhas, Irma e Maria, por seu filho, João Pedro, e por suas ex-mulheres, Norma, Liana e Mercedes, Leon não prescindiu da presença permanente de Cláudia, de quem quis ficar noivo pouco antes de morrer.

Nessa fase, Cláudia teve seus medos, mas acabou superando-os e conseguiu relacionar-se naturalmente com Leon. "Discutíamos, brigávamos e, quando era o caso, eu discordava e até o irritava. Nunca tive complacência. Isso foi ótimo."

Uma vez, porém, se sentiu sob suspeita, discriminada — ironicamente, por uma médica. "Fui consultá-la num momento de grande fragilidade e ela, sádica, preconceituosa e desinformada, me apavorou: 'Essa doença pode pegar à toa. Vai cuidar de sua vida. Você pode estar se contaminando.'"

Em Paris, ao contrário, um assistente do dr. Luc Montaigner, o grande pesquisador da aids, irritou-se ao saber da campanha aterrorizadora que se fazia aqui: "Isso é um absurdo. Até quando vocês vão adiar a sexualidade de vocês? Até quando vão continuar obedecendo a essa campanha moralista?". Ele garantia que precauções como a camisinha eram seguras.

O que mais impressionou Cláudia no Instituto Pasteur foi a forma como tratavam os doentes. "Nenhuma discriminação, nenhum estigma, nenhuma condenação", ela contou na época. "As pessoas permanecem socializadas, continuam trabalhando. Eles fazem tudo para o doente continuar suas atividades normais: trabalhar, se divertir. Eles queriam de todo jeito que Leon voltasse a filmar."

Leon, no entanto, teimava em manter reservas sobre a doença por medo de ser estigmatizado em termos de trabalho: "Eu vou me curar e não vou poder trabalhar", dizia para Cláudia. "No Brasil, você sabe que é assim."

Na volta de Paris, Cláudia pôde observar de perto o que a aids produzia nas relações sociais aqui. Às vezes discreta, às vezes ostensivamente, muitas pessoas evitavam se aproximar dela. "Em compensação, tive muita solidariedade dos meus verdadeiros amigos."

No final de minha matéria, fiz um aviso irônico: "Para aquelas pessoas temerosas, uma informação: Cláudia fez exames de soro aqui e em Paris. Todos deram negativos".

De todas as vítimas de aids nos anos 1980, a mais conspícua foi Cazuza, de cujo show "Brasil", politicamente tão importante, falo na página 156. O sofrimento de Cazuza foi acompanhado pelos seus fãs e, às vezes, pelo país todo. Por ser um cantor e compositor muito popular, ele se tornou a imagem pública da aids. Antes mesmo de assumir com palavras a doença, ele a carregava estampada no corpo: os olhos fundos, o rosto encovado, o cabelo ralo, o físico esquelético com que aparecia nas últimas apresentações.

A medida do preconceito e do estigma que pairavam sobre a época pode ser dada pela dificuldade desse artista franco e exagerado em revelar publicamente que era portador da doença, que era um "aidético". Entre o momento em que o médico lhe deu a notícia e aquele em que ele decidiu contar na mídia, foram quase dois anos.

Em 1988, no programa *Cara a Cara*, da TV Bandeirantes, quando Marília Gabriela lhe perguntou pela doença, Cazuza desconversou e não respondeu. No intervalo da gravação, ela reclamou da omissão: "Você não deve nada a ninguém!". As palavras de Marília "ficaram latejando em sua cabeça", como informa a mãe do compositor, Lucinha Araújo, no livro que, junto com a jornalista Regina Echeverria, escreveu sobre o filho. Então, ele chamou os pais e disse:

"Eu canto uma música que diz: Brasil, mostra a tua cara! Tenho que mostrar a minha porque senão não estaria sendo coerente comigo, com as coisas que canto e em que acredito e muito menos coerente com meu público."

Lucinha e João Araújo concordaram com os argumentos do filho, mas antes não queriam de jeito algum que ele assumisse a doença oficialmente. "Nossa intenção era protegê-lo do preconceito, das injustiças e da pena."

A revelação para o público só viria no dia 12 de fevereiro de 1989, quando o repórter Zeca Camargo, então na *Folha de S.Paulo*, foi entrevistá-lo num hotel em Nova York. Ele tinha feito exames num hospital de Boston e se dizia sem paciência.

"Sem paciência para quê?", perguntou Zeca.

"Para essa coisa, essa maldita."

"Mas o que é essa maldita?"

O repórter se lembra de que ele pegou o copo, tomou "um belo gole de vinho" e desabafou:

"Olha, escreve aí, a maldita é a aids. Estou com aids e não aguento mais! Não é isso o que vocês querem saber?"

Uma memória da aids não pode prescindir de três crônicas escritas por Caio Fernando Abreu e publicadas em *O Estado de S. Paulo* em 1994. Em forma de cartas a um amigo, ele revelava ser soropositivo. Sem perder o recato — "não sinto culpa, vergonha ou medo" —, Caio desvendou sem dramatização a tragédia de toda a sua geração.

"Gosto sempre do mistério, mas gosto mais da verdade", diz em um dos momentos mais tocantes de suas confissões, em que não há lugar para artifícios. Tudo é verdade, "não é apenas uma maneira literária de dizer". Quando afirma "pois é no corpo que escrever me dói agora", ele não está procurando fazer poesia, ainda que a faça mesmo não querendo. É ato de escrever como resistência contra a morte, como atitude vital ou, como ele afirma, é a sua "não desistência".

Na época, comentando as crônicas de Caio no *Jornal do Brasil*, fiz um paralelo com o qual ele concordou:

Não há como não se lembrar do "Pneumotórax", de Manuel Bandeira, aquele poema que tem um dos versos mais sentidos da literatura brasileira ("A vida inteira que poderia ter sido e que não foi") e um dos mais bem-humorados ("A única coisa a fazer é tocar um tango argentino"). O poema, como se sabe, era sobre a tuberculose, uma espécie de aids da primeira metade do século. A diferença é que a doença de agora é tão inexorável que cancela a esperança e não permite o humor, nem as brincadeiras literárias.

 De fato, para quem passou a juventude numa estação de cura da tuberculose como Nova Friburgo, convivendo com doentes e não raro assistindo a hemoptises, não podia haver flagelo pior. Quarenta anos depois, eu ia ver que podia. Muito mais do que a tuberculose, a aids se apresentava não como doença, mas como punição e metáfora — como vingança divina contra a permissividade de costumes. "A aids", já dizia um pastor americano em 1982, "é o julgamento de Deus de uma sociedade que não vive conforme Suas leis." Ela reintroduziu na sexualidade o medo e os tabus sociais e religiosos que os anos 1960 haviam derrubado: não mais a pílula como símbolo, mas a camisinha.
 A liberdade sexual de minha geração durou vinte anos.

 O pior ainda viria. Ao reler este capítulo no dia 5 de junho de 2020, a pandemia da covid-19 batia o recorde de 1473 óbitos em 24 horas, ou uma vida perdida por minuto.

Bumbum e a defesa do comunismo

Mil novecentos e oitenta e cinco foi um ano-marco para o país, e também para mim. Eu estava de volta à imprensa diária depois de quinze anos chefiando a sucursal no Rio de três revistas, todas paulistas: *Visão*, *Veja* e *IstoÉ*. Agora, ia enfrentar o calor da hora, a pressão do dia a dia, participando de um momento de esplendor do *Jornal do Brasil*, sob o comando de Marcos Sá Corrêa. Foram seis anos de efervescência criativa e renovação, reunindo o que a imprensa tinha de melhor, a começar pelos executivos de Marcos: Flávio Pinheiro, Roberto Pompeu de Toledo e Xico Vargas. Era um timaço que, pela quantidade, na sede do jornal e nas sucursais de Brasília e São Paulo, não dá para citar.

Pouco depois de entrar no *JB* acabei envolvido numa polêmica que dividiu a classe artística, em particular a teatral. Eu era editor do Caderno B, diário, e do B/Especial, semanal (depois também do suplemento literário *Ideias*), quando, na seção "Em questão", que debatia os assuntos da atualidade, colocamos em discussão a peça *Corsário do rei*, de Augusto Boal. Preso, torturado e exilado por quase quinze anos, o criador do Teatro do Oprimido apresentava o seu primeiro trabalho depois do regresso ao Brasil, e eu pedi a Macksen Luiz, crítico de teatro do jornal, que coordenasse a mesa-redonda, da qual participaram o diretor teatral Aderbal Júnior (mais tarde, Freire-Filho), a figurinista e cenógrafa Biza Vianna, a atriz Lilia Cabral, o ator Ricardo Petraglia, o músico Edino Krieger e a estudante de teatro Isabela Dauzacker.

O resultado do debate foi um massacre. O espetáculo chegou a ser classificado de "porcaria". De Boal se disse até que ele tivera "a sorte de ser exilado". A rejeição foi unânime. Olha o que disseram. Petraglia: "De novo ele conseguiu enganar a gente; enganou no tempo do Arena e agora engana no Teatro João Caetano. Acho que o João Caetano é melhor com Boal exilado". Biza: "O que mais me incomoda é não saber o que determinou Boal a fazer essa porcaria". Aderbal: "Se perguntássemos qual o motivo dessa porcaria estar em cena, a resposta seria que tudo está ligado ao conchavo político". Lilia: "Embora os atores sejam excelentes, o que eles falam não tem lógica. Não há conflito". Edino: "A música é de show de TV, não é de teatro musicado. O *Corsário* é um aglomerado de fórmulas que não deram certo".

Segundo os debatedores, pouca coisa se salvava do espetáculo; nem mesmo a letra de Chico Buarque e a música de Edu Lobo. "Quando se sai do teatro", dizia Edino, "não há nada que tenha ficado marcado em seu ouvido." Petraglia "livrava a cara dos atores": "O [Marco] Nanini e a Lucinha Lins cantam bem demais; o Claudino Sovietto levanta o público". Mas, acrescentava, "são muito melhores do que estão no *Corsário*". O mesmo Petraglia resumia o espetáculo assim: "É um teatro do oprimido, deprimido e comprimido".

A classe teatral se alvoroçou, amigos de Boal se indignaram com razão, mas alguns, em vez de dirigir sua revolta contra os colegas da mesa-redonda, descarregaram seus tiros em Macksen, que foi quem menos participou, e em mim, que não participei, apenas tive a ideia da matéria e a editei. Uns chegaram a romper relações, criticando inclusive a decisão de publicar o debate. Queriam assim que eu repetisse uma prática que todos abominavam na ditadura. Nessa confusão toda, quem mostrou mais tolerância foi o próprio Augusto Boal, que nunca reclamou.

Os excessos — criticados mais por serem contra do que por serem excessos — deixaram muitas feridas, mas também a indicação positiva de que nos novos tempos ninguém, nem mesmo com um passado glorioso, estava acima das críticas, justas ou injustas. Se 1984 foi para a cultura o ano do consenso, tecido pela campanha das Diretas Já, 1985 foi o do dissenso, da polêmica, do desacordo.

Os intelectuais e artistas discutiram, brigaram e se xingaram como havia 21 anos não faziam — pelo menos entre si. À primeira vista, era o fim do mundo. Afinal, graças ao consenso é que se derrubara o regime militar, foi em função da unidade contra o inimigo comum, os militares golpistas, que os intelectuais forjaram uma frente ampla e cimentaram uma espécie de pacto de não agressão que agora se rompia. Mas isso, em lugar de ser o fim do mundo, era o começo de novos tempos.

Arrebentava-se o histórico saco de gatos que continha toda a oposição, permitindo que se visse que nem todos aqueles gatos eram pardos. A ditadura não deixava perceber que havia ali muito mais cores e contradições. Sob esse aspecto, 1985 talvez tenha sido o último ano da transição e o primeiro em que de fato a democracia começou a dar as caras nos arraiais da cultura.

Curiosamente, só na metade é que a década de 1980 resolveu mostrar que tinha algo de novo a oferecer: estávamos caindo na democracia. E nada dava mais trabalho do que ser plural e aceitar o outro — não o igual ou semelhante, mas o oposto. A primeira lição do ano era, portanto, a de que democracia não é consenso, mas dissenso. Em termos de opinião, todos só são iguais perante a ditadura. Na democracia tudo é diferença.

O entulho autoritário permanecera aqui e ali. Ainda se patrulhava muito (pelo menos desde 1978, quando Cacá Diegues denunciou as "patrulhas ideológicas"), mas o maniqueísmo começava a sair de moda em 1985, que foi um bom ensaio democrático. Do princípio ao fim houve pluralismo e desacordo. A polêmica começou já em janeiro, com o Rock in Rio, que, ao invadir a terra do samba, provocou uma divisão: ou se era contra ou a favor, como nos velhos tempos. Mas não deu trabalho concluir que uma preferência não excluía necessariamente a outra. O hábito da exclusão era coisa do passado. Nem o rock acabou com o samba, nem vice-versa.

Em todos os campos, os novos ares se fizeram sentir. No telejornalismo, por exemplo, houve alguns momentos marcantes, em especial dois. O primeiro foi o debate na estatal TVE entre ninguém menos que o veteraníssimo dirigente comunista Luís Carlos Prestes e o economista ultraliberal Roberto Campos, o comunismo e o capitalismo cara a cara. Outro marco foi a entrevista de Roberto D'Ávila com Fidel Castro. Pela primeira vez em vinte anos, o público brasileiro pôde ver e ouvir o que pensava um dos líderes políticos mais polêmicos do século.

Também na teledramaturgia houve avanços muito significativos. Além de levar para a telinha minisséries como *O tempo e o vento*, baseado no romance de Érico Veríssimo, *Tenda dos milagres* (Jorge Amado) e *Grande sertão: veredas* (Guimarães Rosa), a TV Globo incorporou a sátira político-social nas novelas, como *Roque Santeiro*, de Dias Gomes e Aguinaldo Silva (com a colaboração de Joaquim Assis e Marcílio Moraes). Sinhozinho Malta (Lima Duarte) e a viúva Porcina (Regina Duarte, ex-namoradinha do Brasil) tomaram conta do país com seus bordões, tiques e manias. Com eles, a língua ficou mais solta nas novelas. Sinhozinho chamava um prefeito de "bundão" e falava com naturalidade "sacanagem" e "porrada". No teatro, o chamado besteirol desmoralizava com o riso a sisudez da cultura criada sob a ditadura. A eles os anos 1980 ficavam devendo a volta do humor e da irreverência.

Mas nem tudo foi avanço. A censura, não mais partindo da ditadura, de vez em quando deu as caras. Anônimos racistas pressionaram a Globo para acabar o namoro do branco Marcos Paulo com a negra Zezé Motta na novela *Corpo a corpo*, enquanto prosseguia a perseguição a *Je vous salue, Marie*, que o governo Sarney, pressionado pela Igreja, deu um jeito de proibir, lançando mão de legislação autoritária. Uma matéria que escrevi na época dava a medida do clima:

> Às 11h30 de ontem, em algum lugar da cidade, menos de vinte pessoas assistiram clandestinamente a *Je vous salue, Marie*, o filme proibido de Jean-Luc Godard, já legendado em português. Na véspera da quebra de um histórico tabu da Censura — a apresentação na TV de *O último tango em Paris* — a sessão de ontem reviveu algumas das paranoias dos anos 70: exibição secreta e telefonemas em código para poucos convidados.

Eu admitia que a leitura godardiana do dogma da Virgem Maria e da Natividade era irreverente e tinha tudo para provocar polêmica nos meios católicos. Se Godard não quisesse controvérsia, não teria feito de José um motorista de táxi ciumento, de Maria uma frentista de posto de gasolina e jogadora de basquetebol que perscruta permanentemente o corpo e que rejeita o gozo e o prazer. E concluía:

> Mas é também um exagero paranoico atribuir a esse filme hermético, de sofisticadas alegorias e com um texto requintado, uma virulência

capaz de colocar em dúvida a fé cristã e de provocar uma subversão teológica vinda das massas. O que ele certamente fará, como tem feito, é produzir em áreas mais cultivadas uma polêmica sobre questões que inquietam não apenas o cineasta: como poderiam ser discutidos hoje dogmas como o da virgindade da imaculada Maria? Godard não inventou essa polêmica; ele apenas deu a ela uma genial expressão.

Na política, 1985 mal coube em doze meses. Dele, disse Marcos Sá Corrêa, na retrospectiva do B/Especial:

> O país, sem sofrer uma revolução, teve três presidentes e pouco governo. João Figueiredo, o último general, fechou seu mandado doente e enfastiado. Tancredo Neves, o sucessor, não assumiu. E José Sarney, o que seria vice, custou a se convencer de que a História desabava sobre sua biografia.

Depois de seis anos, o general Figueiredo terminava o seu mandato de forma melancólica. Derrotado na sucessão e ressentido com os políticos, ele vinha de um enfarte, uma operação de safena, várias internações hospitalares, uma crise de depressão e uma cirurgia na coluna para corrigir uma hérnia de disco. Impopular, com quase 70% de desaprovação, pediu que o povo o esquecesse. Não dava para esquecer. No dia 15 de março, ele saía do Palácio do Planalto pelos fundos.

Enquanto isso, o mesmo país que no ano anterior frustrou-se por não ter conseguido as eleições diretas conformou-se com as indiretas e acabou vibrando com a vitória no Colégio Eleitoral de Tancredo Neves (480 votos) contra Paulo Maluf, candidato da ditadura (180). Na véspera de tomar posse, porém, o presidente eleito sofreu a primeira das sete cirurgias que nos 38 dias seguintes tentariam salvá-lo. O povo acompanhou unido essa lenta agonia, e com rezas, velas e promessas tentou deter a marcha irreversível da infecção no organismo presidencial. Foi a mais longa vigília cívica de que se tem notícia no Brasil.

A Nova República estreava enganando. Retardou a verdade o quanto pôde. Primeiro, Tancredo escondeu dos médicos sua doença; depois, foram estes que alimentaram a crença no impossível, por meio de boletins otimistas que mantinham o país em suspenso diante da televisão. Uma foto patética dele posando sentado com sua mulher, dona Risoleta, e vários médicos, todos risonhos, chegou a ser feita para demonstrar que o presidente se encontrava são e salvo. O dr. Henrique Walter Pinotti, quatro dias antes da morte, prometeu: "Nós vamos salvar o seu presidente".

Tudo em vão. A multidão que saíra às ruas em 1984 pelas Diretas voltava para acompanhar o funeral de suas esperanças. A cena final foi a mais melancólica do ano: o corpo de Tancredo no ombro de cadetes subindo a rampa do Palácio do Planalto para o velório solene. O que deveria ter sido a subida triunfal foi uma marcha fúnebre. Outra imagem significativa foi, menos de seis meses depois, a do neto do general Médici xingando o presidente Figueiredo no velório quase vazio do avô: "Canalha, canalha!". A ditadura morria impopular e dividida.

Apesar de todos os reveses, o balanço feito por Sá Corrêa era positivo. "Atravessou-se 1985 sem um acordo com o FMI, mas não se rompeu com o FMI. Caiu a lei salarial, mas subiram os salários, e os trabalhadores voltaram a se chamar de consumidores. Tudo na economia apontou para o descontrole. No entanto, o país cresceu e ficou menos pobre. Tudo isso tem nome e sentido: há muito tempo a história de um ano no Brasil não era tão pouco escrita pelo governo, que como se sabe escreve torto por linhas certas."

No mais, foi como Joaquim Ferreira dos Santos escreveu no seu balanço dos costumes. Depois de falar de modismos como as bermudas de helanca, os óculos escuros para a noite e os pelos púbicos que a publicidade descobriu para vender duchas na televisão, ele concluiu:

> Mas nada foi tão revolucionário quanto a simplicidade do biquíni cortininha. Com ele, a mulher podia escolher entre deixar seu bumbum mais ou menos à mostra. Optou evidentemente por deixá-lo quase desnudo. O ano terminou com novas versões do cortininha: o asa-delta, o bumerangue e o ti-ti-ti. Sublimes versões em torno do nada, o ápice de um striptease que começou em verões cabralinos. Mais ostensivamente público do que o bumbum, só Prestes na TV defendendo o comunismo.

Para uma década que começou tentando matar esquerdistas com bomba, chegar à metade do caminho com comunista se exibindo e mulher mostrando a bunda era mais um avanço em direção à abertura.

Se meu gravador falasse

A tecnologia e eu temos incompatibilidade de gênios. Não por acaso ela vive me aprontando muitas e boas. O computador já fez desaparecer capítulos de livros que estavam sob sua guarda, já sumiu com 9 500 e-mails nele arquivados — sim, nove mil e quinhentos e-mails — e, para culminar, a internet já me matou: isso mesmo, só que, digamos, virtualmente. Mas com tal precisão que até eu acreditei. Informando hora, local e circunstâncias, um site botou no ar como notícia o boato de que eu sofrera um acidente fatal. Até morrer de verdade, não vou esquecer a sensação que se tem lendo a notícia da própria morte.

Essa foi uma forma extrema de vingança da tecnologia. Mas, por meio do gravador, já sofri outros atentados não letais, porém mais desmoralizantes. É claro que ele veio para facilitar a vida da gente. Mas às vezes penso que foi inventado para me pregar peças. Pode parecer ingratidão, porque já me prestou inestimáveis serviços, mas dele ficaram mais as queixas.

Quando comecei na imprensa, nos anos 1950, ele já existia, mas em forma de trambolho. Pesava mais do que uma máquina de escrever, precisava de uma tomada elétrica para funcionar e registrava as entrevistas em fitas de rolo, que no melhor da festa arrebentavam.

O gravador de pilha, mesmo quando era quase do tamanho de um telefone de mesa, foi tão importante para o jornalista quanto o celular é hoje para todo mundo. Do minigravador, o cassete, nem se fala. O dia que carreguei um no bolso me senti poderoso.

Não sei exatamente em que momento ele apareceu nas redações, mas seu uso não era muito recomendado aos repórteres jovens. Temia-se que eles ficassem preguiçosos e deixassem de prestar atenção no que o entrevistado dizia.

Minha coleção de fracassos com esse aparelho é digna de um desastrado foca. Às vezes, nem as precauções adiantam, como no caso da entrevista que fiz com o cineasta Nelson Pereira dos Santos, em 1977, para a revista *Veja*. Quando ele me perguntou por que eu ia usar dois gravadores, contei minha longa história de acidentes. "Assim não há perigo. Esse aqui é novinho."

Nelson, que em geral não gostava de falar, estava loquaz essa noite. Com 49 anos de idade e 22 de carreira, sentia-se à vontade para expor opiniões desconcertantes. Num momento em que todos os males da cultura eram atribuídos à censura, ele dizia coisas assim: "A principal censura é a econômica, feita pelo sistema cinematográfico importado, antibrasileiro e sedimentado em todo o território".

Ele ia falando — "a pior censura é a que impõe a visão do colonizador, do novo colonizador" — e eu gravando. De vez em quando, eu voltava um pouquinho a fita para checar: tudo o.k. "A democracia no Brasil é um intervalo comercial. O que o imperialismo faz aqui é o que faz o analista de grupo: fecha e abre." A entrevista se chamou "Independência ou morte" por causa da seguinte afirmação: "A questão fundamental de nossa cultura hoje é: ou seremos independentes, ou morreremos, como disse d. Pedro".

Quando no dia seguinte telefonei para lhe comunicar que nada fora gravado, ou pior, só pequenos trechos, salteados, ele não acreditou: "Mas você ficou checando!". Sem saber como, tentei explicar que, por uma inacreditável coincidência, as frases que apareciam gravadas eram incompletas. Por exemplo: eu voltava a fita, estava lá "a luta pela defesa dos direitos humanos é tão...", e eu me dava por satisfeito, sem desconfiar que a gravação parava por aí. Em vários trechos acontecia isso.

No caso de Nelson, um amigo desde os tempos em que ele era mais jornalista do que cineasta, a entrevista pôde ser refeita, embora se possa imaginar o constrangimento que significa você pedir a uma pessoa para repetir tudo o que dissera na noite anterior durante horas.

Mas e quando isso acontece, por exemplo, com um governador, e um governador como Leonel Brizola?

Ele acabara de vencer no Rio as eleições estaduais de 1982, as primeiras a serem realizadas depois do Ato Institucional nº 5, de 1968, que tornara indiretas todas as eleições estaduais. Um de seus adversários fora o deputado Miro Teixeira, do PMDB, jornalista de profissão, que algum tempo depois da derrota me procurou na redação da *IstoÉ* perguntando se eu não tinha uma reportagem para ele fazer como colaborador.

Na hora não me ocorreu nada. Mas acho que ele mal havia chegado em casa, quando tive a ideia de lhe propor uma entrevista com Brizola. Não seria fácil, porque exigiria que ele colocasse o jornalismo à frente da política, já que as feridas ainda estavam abertas. Eles tinham se agredido muito durante a campanha, e nesse quesito Brizola também saíra ganhando: fora mais virulento.

Para surpresa minha, o derrotado aceitou imediatamente, e o vencedor foi quem criou dificuldades. A única possibilidade de contato com o novo governador, por quem eu não nutria a menor simpatia, e vice-versa, era através de Marta Alencar, sua assessora de imprensa e, por sorte, uma querida colega. Telefonei para ela, contei o plano, insisti que o interesse era exclusivamente jornalístico, e começamos então uma demorada negociação.

Por lealdade, Marta nunca cometeu indiscrições, mas era evidente que Brizola, adepto das teorias conspiratórias, desconfiava daquela proposta, embora devesse ser grato a Miro por sua atitude na apuração. Na época, descobriu-se um esquema de fraude para impedir a vitória do candidato do PDT, e suspeitava-se que a TV Globo fizesse parte dele. Miro diz que o plano existia, mas que a suspeita não faz o menor sentido. "Ao contrário, a Globo abriu espaço para que eu fosse o primeiro a reconhecer a vitória de Brizola, desmontando assim todo o esquema da fraude."

De qualquer maneira, Brizola não entendia, e no caso até com razão, pois pensava política e não jornalisticamente, quais seriam os verdadeiros propósitos daquele projeto. Deveria haver alguma coisa por trás de tudo. Com o tempo — o lento tempo de Brizola — Marta convenceu-o do contrário.

Quando Miro telefonou para o Palácio Guanabara para finalmente marcar o encontro, foi muito bem atendido. Os dois, no entanto, apesar de terem se enfrentado antes em debates na televisão, estavam nervosos. "Fluente, Brizola procura amenizar a conversa e pergunta por Leonora e pelos meninos", contou Miro na apresentação da entrevista, referindo-se a sua mulher e filhos. "É gentil, sem desprezar a cautela que o leva a desvendar a intenção da matéria."

Marcada a entrevista para a noite de quarta-feira, 15 de junho de 1983, no apartamento do governador em Copacabana, eu queria ir também para assistir àquele encontro histórico, mas não tinha como justificar minha presença, a não ser que cuidasse dos dois gravadores, funcionando como uma espécie de técnico de som.

Às 21h35 começou a conversa. "Nosso primeiro contato foi descontraído", escreveu Miro. "O cafezinho foi regularmente servido e a surpresa da presença de sua mulher, dona Neusa, indicou que poderíamos trabalhar com os espíritos desarmados." Como se não bastasse, Brizola fez questão de elogiar o entrevistador: "Me emociono com sua decisão de voltar ao jornalismo. É um gesto de grande humildade que vai ser muito bem recebido pelo povo brasileiro".

Com 38 anos de idade e doze de mandatos parlamentares, Miro era um ex-repórter que tinha trabalhado em vários jornais cariocas. Também ele estava emocionado, não só porque voltava à reportagem, mas sobretudo porque tinha diante de si um dos primeiros personagens históricos de sua carreira jornalística. Vinte e dois anos antes, quase um foca, ele tivera como tarefa cobrir a "Rede da Legalidade", um movimento que o então governador do Rio Grande Sul organizou em 1961 para garantir a posse de João Goulart na Presidência da República.

Estava tudo indo muito bem, quando Brizola percebeu a presença dos gravadores. Ele não tinha visto. Aí mudou de humor. Disse que não, que não podia ser gravada uma conversa que se "desenvolveria informalmente"; nada de gravador. A negociação se arrastou, eu já não tinha mais esperança de que chegássemos a bom termo, quando Miro conseguiu persuadi-lo.

Isso, no entanto, ia exigir do entrevistado um pouco mais de cautela. O cuidado em evitar possíveis inconveniências em relação aos militares não passou despercebido do entrevistador. "A ênfase com que falou da necessidade de mantermos inatacáveis as estruturas das Forças Armadas", escreveu Miro, "chegou aos limites do exagero, já que ninguém defendera, naquele momento, tese em contrário."

Miro fez mais de trinta perguntas, a última das quais típica de um repórter atento aos detalhes: "Governador, seu edifício tem número de contagem regressiva: 3210. Quando começa a contagem regressiva para seu lançamento à Presidência da República?".

Brizola:

> Essa história de Presidência da República não passa pela minha cabeça, eu afirmo com honestidade. Com essas pesquisas que apareceram por aí, podem pensar que estou mobilizando as eleições diretas com o objetivo de ser candidato. Considero uma imprudência o lançamento de minha candidatura, quando recém-assumi o governo do Rio de Janeiro. Este é o meu compromisso. Mas na vida pública não se pode garantir como será o futuro.

Já era de madrugada quando chegamos ao calçadão de Copacabana. Eu carregava as quatro fitas gravadas como um troféu: era como se o feito fosse meu, não do Miro. Resolvemos, antes de sair para jantar, dar uma passada na sucursal da revista, em Botafogo, onde eu deixaria o material. Subimos até minha sala e, por curiosidade, quis dar uma ouvida. "Coisa rápida, a gente já sai", disse para o meu triunfante repórter.

Liguei, e o gravador não falava. Problema de pilha, com certeza. Como tinha me prevenido e levado várias, troquei duas e pronto. Agora ia funcionar. Mas o gravador continuava mudo.

A partir desse momento, traumatizado, não me responsabilizo pela fidelidade do relato. Quem se lembra é Miro. Ele diz que as quatro fitas estavam virgens. Eu achava que pelo menos uma tinha gravado, mas ele insiste que não: "ne-nhu-ma!", vive repetindo para me humilhar.

Tão inacreditável quanto tudo isso que aconteceu foi o que veio a seguir. Como se tivesse sofrido uma espécie de privação de sentidos, guardo vagas lembranças daquela ocasião, na mais nítida das quais vejo Miro sentado na máquina escrevendo, escrevendo, e eu ao lado, meio catatônico, tentando ler o que ele ia me passando. Quanto tempo ficamos ali? Não sei. Imagino que horas.

Acho que só quando vi a revista impressa, com as seis páginas e o título "Quatro horas de Miro com Brizola", é que me dei conta de fato do que aconteceu naquela madrugada. A memória de Miro tinha reconstituído toda a entrevista. Repito, toda: não só as perguntas, e isso até não era difícil para quem as tinha feito, mas também as respostas, na íntegra.

Mesmo agora, revendo o material, me assalta certa descrença: "Será mesmo que ele reconstituiu tudo?". "Não é possível", digo, ao reler um diálogo delicado como o seguinte, em que um interrompe o outro:

Miro: — O senhor disse antes que o seu encontro com o presidente [João Figueiredo, o último do ciclo militar] foi um encontro em que não houve tensão...
Brizola: — Pelo contrário, foi um encontro de grande distensão...
Miro: — Isso quer dizer que houve tensão nos encontros anteriores?
Brizola: — Não. E este último então foi extremamente cortês, com um diálogo que permitiu abranger uma diversidade muito grande de assuntos do presente e do passado e que abriu chance para que se criasse um ambiente favorável ao enfoque de alguns problemas específicos da administração do Rio, como a questão do sistema penitenciário.

E assim por diante.

Brizola gostou tanto da entrevista que, a partir daí, os dois se tornaram correligionários por dezesseis anos e amigos até a morte do ex-governador em 2004.

E eu, sempre que saio para fazer uma entrevista, penso em levar Miro Teixeira no bolso.

Enfim, as pazes

Quando Nelson Rodrigues morreu, em 1980, o crítico, ensaísta e pensador católico Alceu Amoroso Lima, com o pseudônimo literário de Tristão de Athayde, escreveu um artigo no *Jornal do Brasil* sobre seu ex-desafeto. Falou da obra, das relações que um mal-entendido telefônico interrompera por vinte anos e fez uma revelação: "A única vez em que nos encontramos pessoalmente em vida foi há poucos meses, para uma reconciliação promovida por Zuenir Ventura".

A ideia de reuni-los surgiu quando estávamos preparando para *Veja* a capa "O sucesso do maldito", sobre a onda de encenações, reencenações e filmagens da obra de nosso maior dramaturgo. A matéria seria orientada por mim e executada pelo repórter José Castello, da sucursal do Rio, e pelo crítico de teatro Jairo Arco e Flexa, da redação de São Paulo. Como era difícil encontrar alguma novidade sobre o personagem, tudo já parecia dito, me ocorreu o improvável: reconciliar o inconciliável.

Havia anos que Nelson hostilizava implacavelmente o "dr. Alceu" em suas crônicas. Não perdoava no velho líder católico sua firme oposição ao regime militar e principalmente sua simpatia pela causa dos jovens rebeldes de 1968. Aos 76 anos, Alceu defendia a "cruzada das crianças" com vigor juvenil. Ele nunca revidara os ataques do seu desafeto, mas com certeza devia se sentir magoado, até porque Nelson não deixava passar uma semana sem provocá-lo.

Ciente da dificuldade que a negociação envolvia, liguei primeiro para a parte ofendida, explicando o que pretendia. Dr. Alceu aceitou na hora: "Por mim, tudo bem". Com Nelson também não houve problema. Foi tudo tão fácil que tive a impressão de que os dois aguardavam ansiosos essa oportunidade. Afinal, durante quarenta anos eles se encontraram — "de longe", como escreveu Tristão no artigo. Nelson sabia do declarado entusiasmo do "mestre" por sua obra e este, por sua vez, não desconhecia que uma das formas rodriguianas de admirar alguém era falando mal.

Horário e local combinados, fui buscar Nelson para levá-lo ao Centro Dom Vital, um núcleo de estudos religiosos, onde Alceu nos esperava. O encontro foi realmente emocionante. Tristão de Athayde descreveu-o assim no artigo: "Zuenir Ventura é testemunha do calor com que esse grande afetivo se abraçou, pela primeira vez, com aquele que por tanto tempo hostilizara, por um simples mal-entendido".

Testemunhei na verdade um calor também correspondido pelo próprio Alceu. Era recíproco. Quando se viram, atiraram-se nos braços um do outro. "Doce figura!", exclamou Nelson, como dizia para todos os amigos. "Figura zangada!", respondeu Alceu, com um sorriso que ia até as orelhas.

Iniciaram então uma conversa de meia hora. "Como você está bem, Nelson!", exclamou Alceu. "Mas eu estive muito mal, quase morri", completou Nelson. "Aliás, o *Jornal do Brasil* chegou a fazer meu necrológio. Soube que ouviu muitas pessoas sobre minha 'morte', inclusive o senhor, que deu uma belíssima declaração."

Quando tocaram no desentendimento, Nelson apressou-se em afirmar: "Eu nunca o ofendi. No fundo, eu fazia gozações. Não consigo odiar ninguém, não tenho inimigo". O ex-desafeto concordou: "Você é mesmo mais um gozador, um humorista". Antes de se despedirem, cada um fez, a meu pedido, uma declaração sobre o outro. "Sempre fui amigo e admirador de Nelson. Hoje é um dia feliz para mim." Nelson preferiu dar a sua por escrito: "Sou amigo de Alceu Amoroso Lima e com uma amizade para além da vida e para além da morte. Deus o ame eternamente".

No livro *O anjo pornográfico*, Ruy Castro apresenta as razões de seu biografado para a ruptura, contando como ele telefonava todo Natal e Ano Novo para o então amigo, que sempre retribuía os votos de boas festas com um indefectível: "Ah, Nelson, acabei de rezar por você".

Segundo Ruy, "a Nelson intrigava essa oração em permanente plantão que o seu telefonema sempre vinha despertar", embora não tenha sido isso o que causou o rompimento.

"O caldo entornou num Natal por volta de 1960 quando Nelson deu o telefonema de praxe e Alceu, em vez de dar a resposta idem ('Estava rezando por você'), suspirou:

"Ah, Nelson, você aí nessa lama!"

Ainda é Ruy que relata: "Nelson se ofendeu. Achou que Alceu, na sua 'imodéstia de santo', não tinha o direito de dizer aquilo". O próprio ofendido escreveu sobre o telefonema: "O mestre insinuara que a minha alma é um mangue, um pântano, um lamaçal. E, por certo, ao sair do telefone, foi se vacinar contra o tifo, a malária e a febre amarela que vivo a exalar. Pois é o que nos separa eternamente, a mim e ao dr. Alceu — de um lado, a minha lama, e, de outro, a sua luz".

Nesse artigo no *Jornal do Brasil*, por ocasião da morte de Nelson, Alceu admitia ter sido "infeliz" a ideia de falar em "lama", mas negava qualquer intenção pejorativa. Ao contrário, dizia, sua admiração pelo dramaturgo vinha desde 1943, ao assistir pela primeira vez à peça *Vestido de noiva*, que considerava uma "obra-prima". Ele não só reconhecia a coragem de Nelson de recusar o elitismo verbal e psicológico do modernismo, como elogiava sua capacidade de "entrar em cheio na massa das paixões mais populares". E acrescentava: "Daí a sua popularidade única e natural, que fez descer o modernismo às ruas e à lama das ruas".

Essa explicação e as desculpas teriam sido apresentadas por Alceu em carta enviada a Nelson, mas sem resultado. "Sua extrema suscetibilidade, porém, não me perdoou", contou no artigo. "Voltou-me a cara no primeiro encontro. E passou a hostilizar-me constantemente."

Quem foi amigo do dr. Alceu ou, como eu, o conheceu na condição de aluno e de jornalista que o entrevistou algumas vezes não tem dificuldade em aceitar como sincera a sua versão sobre o episódio. Mais do que imodéstia, ele tinha algumas virtudes que o aproximavam senão de um santo, pelo menos de alguém que se esforçava para sê-lo.

Por outro lado, os amigos de Nelson ou quem, como eu, começou desgostando dele para depois admirá-lo com grande afeição entendem sua reação. A amizade para ele tinha que ser incondicional, sem restrições. Ser associado à lama por um amigo tinha a agravante de evocar os estereótipos e preconceitos que certos críticos e os inimigos sempre tentaram colar em suas peças, tidas por eles como sujas, imorais, pornográficas.

Era um daqueles típicos rompimentos de afeto em que as duas partes possivelmente tinham razão.

Foi por interferência de um amigo comum que, com relutância, me aproximei de Nelson em 1968-9, quando, acusado de subversão, eu estava preso no Regimento de Cavalaria Caetano de Faria, da PM, junto com Hélio Pellegrino, de quem Nelson gostava tanto que um dia escreveu:

> Se Deus me intimasse a optar entre o Hélio Pellegrino e a humanidade, eu daria a seguinte e fulminante resposta: 'Morra a humanidade'. E, com isso, ficaria claro que, para mim, o amigo é o grande acontecimento, e repito: só o amigo existe e o resto é paisagem.

Psicanalista famoso, poeta e ensaísta, o homem que vivia de escutar o outro sabia falar para multidões. Orador brilhante, era capaz de agitar as massas como fez na grande manifestação contra a ditadura militar em 1968, a chamada Passeata dos 100 mil. Nelson o chamava de "nosso Dante". Com 44 anos, conquistara a admiração de uma juventude que dizia não confiar em ninguém com mais de trinta anos. Ele e o dr. Alceu me ensinaram que uma geração não se faz com idade, mas com afinidade.

Minha prisão, que deveria ter sido para mim uma experiência amarga, e de certa maneira foi, acabou me oferecendo a compensação da companhia de Hélio, que eu mal conhecia pessoalmente. De perto e na adversidade de uma cadeia, ele era ainda maior e melhor do que o mito. Aquilo que todo mundo queria na época — ouvi-lo e ser ouvido por ele — recebíamos como privilégio todo dia, eu e alguns poucos companheiros de cela. Depois que nos isolaram os dois, tive o privilégio sozinho, durante alguns meses.

A primeira vez que Nelson foi nos visitar na prisão dei-lhe as costas e disse ao Hélio que não queria conversa com quem escrevia a favor da ditadura. Ele era o único intelectual importante que apoiava abertamente o regime militar e continuou apoiando mesmo depois que seu filho Nelsinho foi preso. Dele eu queria distância.

Mas como, se eu estava confinado na mesma cela do Hélio, e Nelson ia visitá-lo todos os dias, inclusive no Carnaval, durante os três meses em que ficamos encarcerados?

A verdade é que Nelson nunca deu muita confiança ao meu amuo, e aos poucos Hélio foi me ensinando a entender aquele personagem contraditório, complexo e riquíssimo. Em três meses havíamos estabelecido uma relação tão afetuosa que ele acabou intercedendo para que o general Assunção Cardoso, chefe do Estado-Maior do 1º Exército, ao libertar Hélio, me soltasse também. Hélio havia dito que só saía se eu saísse junto.

"Hélio, mas você garante que essa doce figura não vai botar uma bomba no Palácio?", perguntou Nelson bem à sua maneira, desmoralizando ele mesmo com humor sua cômica suspeita.

Ruy Castro conta com muita graça a cena em que Nelson tentava convencer o general de que Hélio era uma cotovia, um homem com alma de passarinho e seu amigo de infância. A negociação quase emperrou quando disse o mesmo de mim.

"Dr. Nelson, estou disposto a acreditar que o dr. Hélio Pellegrino seja seu amigo de infância", disse. "Mas tenho informações de que o senhor conheceu Zuenir Ventura na prisão. Como pode ser seu amigo de infância?" Nelson embatucou. Não esperava por esta. Foi acudido por Maria Urbana, mulher do psicanalista:

"Ele está dizendo isso no sentido figurado, general. Quer dizer que teve uma relação tão intensa com Zuenir desde que o conheceu que é como se fossem amigos de infância."

Nelson acabou assinando um termo de responsabilidade para cada um de nós — estávamos livres, só não podíamos sair do Rio.

Aparentemente, o gesto não custava nada ao dramaturgo. Afinal, ele tinha pistolões poderosos nos meios militares e o aval que dera não encerrava qualquer perigo. Eu nunca pertencera a nenhum partido político e, além disso, minha prisão podia ser tida como ridícula. Para confundir o adversário, alguns amigos, entre os quais Antônio Houaiss e Darwin Brandão, haviam espalhado o boato de que eu estava na cadeia por engano, em lugar de outro Ventura, esse, sim, do Partido Comunista. Era uma versão tão sem sentido quanto minha prisão, mas que servia de argumento aos que se movimentavam para me soltar.

Quando os arquivos do Dops (Departamento de Ordem Política e Social) foram abertos ao público, porém, tive acesso ao meu alentado dossiê e descobri o risco que o meu avalista corria. Pelos documentos, ele estava soltando nas ruas um comunista de carteirinha. Da minha ficha constava, entre outras, esta pérola do absurdo da época:

> A máquina e o PC têm um censor, uma espécie de coordenador-geral para a Imprensa. Trata-se do jornalista Zuenir Ventura, que militou em vários jornais e atualmente trabalha na revista *Visão*. Ele é, juntamente com [o jornalista] Gustavo Silveira, o responsável pela agência de empregos para jornalistas integrantes do esquema. Zuenir censura, ainda, livros, textos especiais do PC etc. Sua mulher, Mary Ackier, também trabalha na máquina. Foi agitadora estudantil na UNE e presa, com o marido, por ocasião do AI-5.

Nessa altura, Nelson Rodrigues, Hélio Pellegrino e o dr. Alceu — presenças garantidas no meu altar de admirações — já tinham morrido. Olhando para o indivíduo perigoso e desconhecido que a paranoia da repressão foi capaz de criar e que por acaso era eu, confesso que, fosse o Nelson, não sei se botaria a mão no fogo para tirá-lo da prisão. Não deve ter faltado gente do Exército para tentar convencê-lo de que o Dops estava com a razão, mas ele teve a coragem de não ouvir. Grande Nelson.

Memórias do cárcere

Nunca pensei que um dia fosse escrever um texto como o transcrito abaixo, publicado no dia 21 de setembro de 2002 na minha coluna no jornal O Globo, em que disputo a exclusividade de uma prisão com dois bandidos.

Em nome dos ilustres brasileiros que ali estiveram presos, alguns já mortos, quero lançar o meu protesto contra a utilização do Regimento de Cavalaria Caetano de Faria como prisão, ainda que temporária, para um bandido como Fernandinho Beira-Mar e, se não bastasse, outro como Elias Maluco. O quartel merecia um destino mais nobre. Em outros tempos, isso seria motivo para passeata ou manifesto, denunciando o aviltamento de um espaço que manteve sob custódia bravos opositores de duas ditaduras: a de Getúlio Vargas e a dos generais. A palavra de ordem poderia ser: "Essa prisão é nossa!".

O primeiro a aderir ao protesto seria provavelmente Nelson Rodrigues, que não esteve preso, até porque apoiou os militares, mas, como está no capítulo anterior, por ter frequentado diariamente o local durante alguns meses, em 1968-9, para visitar seu grande amigo, o psicanalista Hélio Pellegrino. Com ele na cela ficaram o poeta Gerardo Melo Mourão, o jornalista Osvaldo Peralva, o então deputado João Herculino e eu.

Ao grupo viria se juntar Ziraldo, quando em comissão fomos ao comandante do quartel fazer-lhe um apelo para que requisitasse o chargista, que estava trancafiado no Dops. O motivo era dos mais respeitáveis, tanto que o coronel nos atendeu: faltava alguém que jogasse basquete para completar o nosso time, e ele seria um reforço se não ideal, pelo menos possível.

Apesar da violência que por si só representava a prisão a que fomos submetidos sem culpa e sem prova, por simples suspeitas, aquilo ali era uma ilha de tranquilidade, se comparado ao Dops, da Polícia Federal, onde estivera antes com minha mulher e meu irmão, ou a outros presídios em que naquele momento pessoas já eram brutalmente torturadas. Não muito longe, na Vila Militar, Caetano Veloso e Gilberto Gil sofriam humilhações e agressões físicas.

Justiça, portanto, ao nosso tolerante comandante, que Deus o tenha. Uma vez, num fim de tarde, ele nos deu um susto ao aparecer sem avisar em nossa cela. Já sem farda, vestido para ir para casa, usando camiseta branca e calça esporte, de tênis e sem meias, ele nos reuniu e começou uma inesperada preleção em tom varonil: disse que tinha uma advertência a fazer, em consequência da grave denúncia que recebera.

Após um certo suspense, enfiou a mão no bolso de trás, tirou uma dessas garrafinhas anatômicas de alumínio para carregar bebida, botou em cima da mesa e avisou: "Quando vocês quiserem beber me peçam, não mandem comprar fora. Se acontecer de novo, vou puni-los". De fato, na véspera, tínhamos conseguido convencer um jovem guarda a comprar uma garrafa de uísque nacional na esquina. Bons tempos aqueles em que se subornava carcereiro com alguns trocados. Em Bangu 1, Beira-Mar estava pagando R$ 10 mil por um celular e R$ 25 mil por uma pistola.

Numa outra ocasião, o coronel pediu que Hélio permanecesse no andar de cima depois do horário de visita, enquanto voltávamos para nossa cela, embaixo. Durante quase uma hora, ficamos apreensivos em relação ao que estaria acontecendo com o nosso companheiro. Quando finalmente desceu, Hélio resistiu a contar o que conversara. A muito custo, cedeu às nossas pressões ("Aqui dentro não pode haver segredo", alegamos) e revelou o diálogo que mantivera com o comandante:

"O senhor é médico de cabeça, não é?"

"Sou psicanalista."

"Pois é, eu queria que o senhor tratasse do meu problema: não sei por quê, mas quando vejo uma janela aberta tenho vontade de me atirar por ela. No meu apartamento, tive que botar uma grade de ferro."

Por questões éticas, o médico alegou que o fato de o comandante ser seu carcereiro impedia que fosse paciente. Estava, porém, disposto a lhe indicar um colega. E aproveitou para introduzir algumas minhocas naquela cabeça precisando de terapia:

"No fundo, coronel, o senhor é também um prisioneiro, de si próprio, e acha que a liberdade está lá fora."

"Ah, é?"

Dias antes de nós, ao dar entrada preso no quartel, o ex-governador Carlos Lacerda se comoveu com a lembrança de que vinte anos atrás ele fora ali visitar Virgílio de Melo Franco, Dario de Almeida Magalhães, Austregésilo de Athayde e Adauto Lúcio Cardoso, feitos prisioneiros por terem conspirado contra a ditadura de Vargas. Lacerda foi trancado numa enfermaria improvisada em cela por apenas sete dias, graças a uma greve de fome, inaugurando uma forma de protesto que ia ser muito comum depois. Seu irmão Maurício tentou dissuadi-lo da ideia com um argumento: "Você vai morrer estupidamente. Você quer fazer Shakespeare na terra de Dercy Gonçalves, não dá". As pressões internacionais levaram Costa e Silva a libertá-lo.

Quer dizer: um palco por onde passaram tantos personagens históricos não merecia ser conspurcado dessa maneira. Fernandinho Beira-Mar e Elias Maluco não tinham o direito de botar os pés ali.

P.S.: Em 2017, remexendo papéis velhos, encontro anotações de conversas mantidas com Hélio na prisão. São observações, frases soltas, algumas sem autoria, outras atribuídas a Freud, a Darwin ou ao próprio Hélio. Há as que foram escritas em guardanapo ou papel higiênico e as que foram guardadas na memória. Ei-las:

— A criança tem medo de perder o pênis; o adulto, de usá-lo.
— A psicanálise encontra suas verdades no entulho psíquico do passado do indivíduo.
— A neurose surge da ruína dos impulsos sexuais do passado.
— O incesto é o combustível psíquico do complexo de Édipo.
— Tudo, até o mais trivial — sonhos, lembranças, lapsos de linguagem —, tem significado, sempre encontrado no passado. Para Darwin, o conflito se dava entre as espécies e o meio ambiente; para Freud, se dava entre sexo e morte.

Um suicídio mal contado

O escritor mineiro Pedro Nava tinha pelo menos duas tarefas a cumprir quando um telefonema levou-o a se suicidar no domingo 13 de maio de 1984: receber dali a dias o título de Cidadão Fluminense na Assembleia Legislativa do Rio de Janeiro e finalizar o sétimo volume de sua monumental série de memórias que começara com *Baú de ossos*, em 1972, e se encerraria com *Cera das almas*.

Ele acabara de ler para sua mulher o discurso com que agradeceria a homenagem, quando, às 21 horas, o telefone tocou. Nieta atendeu e uma voz masculina disse que queria falar com Pedro Nava. Ele pegou o aparelho, ouviu em silêncio o que lhe disseram do outro lado da linha, desligou e, transtornado, comentou que "nunca tinha ouvido nada tão obsceno ao telefone". Sua mulher notou que "parecia que ele tinha recebido alguma chantagem".

Aproveitando a ida dela ao banheiro, ele pegou na gaveta um revólver calibre 32 que comprara havia quatro anos e saiu sem avisar pela porta dos fundos do apartamento. Perambulou pelo bairro da Glória, no centro do Rio de Janeiro, onde morava, e depois foi visto sentado na calçada, cabisbaixo, em meio aos travestis e às prostitutas que costumavam circular na área. Às 23h30, junto a uma árvore, disparou um tiro na cabeça. Ia fazer 81 anos e era o nosso maior memorialista.

O que teria sido dito naquele telefonema para levá-lo ao desespero de abandonar planos, um livro inacabado com 36 páginas escritas e a própria vida?

Na sucursal Rio da *IstoÉ*, tínhamos lido a notícia nos jornais, quando dei início à nossa habitual reunião de pauta das segundas-feiras, no sobrado onde funcionava a revista, na rua Barão de Lucena, em Botafogo. Artur Xexéo, subchefe de redação, orientaria a apuração, que seria feita pelo repórter José Castello.

Começaríamos do zero, porque na imprensa diária não surgira nenhuma indicação ou pista sobre as causas do suicídio. Nava não deixara explicação, bilhete, nada.

Não sei se ainda na segunda-feira surgiu a versão que se espalharia pelas redações do Rio como rastilho de uma bomba: Pedro Nava se suicidara porque estava sendo chantageado por um garoto de programa. A fonte seria um repórter gay, assíduo frequentador da avenida Prado Júnior, reduto de prostituição feminina e masculina.

Naquele *bas-fond* de Copacabana corria a história de que o autor da chantagem era um rapaz com quem Nava estava tendo um caso e que se apresentava num classificado de jornal como "Beto da Prado Júnior", tendo sido assim que o escritor o conhecera.

Foi Xexéo quem encontrou num pequeno anúncio o telefone dele, passando-o a Castello para tentar um contato. Em vez de fingir ser um potencial cliente, para melhor se introduzir naquele submundo, o repórter abriu o jogo: "Sou da *IstoÉ* e quero fazer uma entrevista com você sobre Pedro Nava". Supunha-se que a resposta seria não. Mas não foi. "Então vem aqui", respondeu a voz do outro lado, sem cerimônia e sem medo.

Quem ficou com medo então foi Castello, que pediu a seu chefe para acompanhá-lo. As primeiras impressões foram péssimas. Xexéo relembra:

> Era um prédio decadente. Cabeça de porco. Aqueles corredores compridos, uns vinte apartamentos por andar. Batemos em um e apareceu o tal Beto. Não era um homem bonito. Era moreno, bem moreno, muito alto, bem magro, vestia uma sunguinha vermelha, apertada, e um robe de chambre preto, transparente, por cima. Me lembrou Madame Satã, mas sem sinais de comportamento violento. Devia ter menos de trinta anos.

O rapaz estava nervoso, embora disposto a receber os dois jornalistas, como já fizera ou ia fazer com colegas das revistas *Veja* e *Manchete*. Convidou os visitantes a entrar e ofereceu um licor vagabundo. "Aliás, tudo era vagabundo", recorda Xexéo. "O apartamento conjugado tinha dois ambientes, uma salinha ao lado e, no fundo, uma cama que dava para a janela. Não me lembro se no sétimo ou oitavo andar."

A história contada começava com um homem ligando constantemente para o número do anúncio. Conversavam, ele marcava de ir lá, mas não aparecia. Na terceira ou quarta vez, prometeu de novo. "Então daqui a meia hora?", perguntou Beto. "Não, agora." Estava no orelhão embaixo. Quando o recebeu, Beto fingiu não o ter reconhecido. Ele dera um outro nome.

"Mas você sabia que era o Pedro Nava?", perguntaram os repórteres. "Não, mas sabia que era um escritor, um intelectual, uma figura importante."

A partir desse dia, Pedro Nava teria passado a frequentar o apartamento uma vez por semana, às quartas-feiras, na hora de sua reunião no Conselho de Proteção ao Patrimônio Cultural do Rio. "Ele dizia que ia para lá e vinha pra cá."

Essa rotina durou um certo tempo, até que um dia o novo cliente, declarando-se apaixonado, teria revelado sua verdadeira identidade, propondo que os encontros não se limitassem mais a um por semana. Proposta aceita, eles passaram a se encontrar mais vezes e nem sempre para transar.

"E vocês faziam o quê?"

"A gente comprava roupa."

"O que você comprou com ele?"

"A última compra que a gente fez foi um cinto, na Camisaria Varca (uma loja para pessoas gordas no Shopping Rio Sul)."

"O Beto vendia o caso como um romance perfeito, maravilhoso. Acho que a gente perguntou se eles transavam de verdade, mas não me lembro da resposta. Sei que houve um momento em que Beto revela que Nava sentiu vontade de ser voyeur."

O pedido teria sido logo atendido com um telefonema para um serviço de acompanhantes masculinos. O garoto convidado apareceu, fez a sua parte e, de acordo com o relato, Nava ficou vendo os dois transarem. A cena se repetiu outras vezes, sempre com o mesmo personagem, por exigência do cliente.

Xexéo continua recordando: "Segundo Beto, esse cara acabou reconhecendo o escritor e passou a chantageá-lo. Pediu não sei quantos mil, não me lembro, e cada vez mais. Pedro Nava, que mantinha Beto informado, entrou em desespero e se matou".

Como o rapaz revelara o nome do acompanhante e o número do serviço, Castello resolveu testar e telefonar para lá. Tudo conferia. Disse que estava interessado por alguém que fosse do tipo tal, que fizesse isso e aquilo. Nenhum problema, eles poderiam fornecer. "Mas eu queria uma transa a três, eu queria olhar."

Tudo bem, responderam. Mas quando ele fez não sei que outras exigências, desligaram o telefone.

Beto garantia ter uma foto sua com Pedro Nava, mas nunca chegou a mostrá-la. Alegava que estava negociando com a *Manchete* por uma determinada quantia e que, se a *IstoÉ* quisesse, teria que pagar mais. Como não fazíamos esse tipo de acerto, não houve negociação. "Eu acreditei na história, pelo menos na transa entre os dois", confessa Xexéo. "O máximo de que desconfiei foi que pudesse ter inventado um terceiro elemento, quando era ele mesmo que fazia a chantagem. Mas da relação dele com o Nava, saí acreditando, não tinha dúvida."

Quando eles chegaram à redação contando a história, fiquei chocado e minha decisão foi não publicá-la, contrariando a opinião de Xexéo, que fez um discurso defendendo o direito de publicação, sob o argumento de que a hipótese devia se tornar pública. "Se a versão está circulando pelas redações, se os jornalistas sabem, por que o leitor não pode saber? Esse Beto não presta, é um chantagista, é preciso que todo mundo saiba disso, inclusive a polícia, para ir atrás dele!" Eu insistia em que a fonte não era confiável, mas nossa obrigação era mandar todas as informações para São Paulo. Cabia à direção da revista a última palavra.

Castello até hoje não tem a mesma certeza do seu colega. "Pode ter sido verdade, por que não? Um velho escritor solitário, aproximando-se da morte, acertando as contas com seus antigos fantasmas e mais secretos recalques era perfeitamente verossímil." Mas podia ser também "um surto de exibicionismo ou de loucura do tal Beto".

Xexéo não se conformava com a possibilidade da não publicação. Para aumentar sua irritação, houve uma conversa com o cartunista Ziraldo, que fora à redação se encontrar comigo. "Ele sentou-se na minha frente, naquela mesa que eu tinha, e se interessou pelo que eu contava: perguntou, pediu detalhes. Quando acabei, ele disse: 'Mas vocês não vão publicar, não é?'"

Vinte anos depois, meu ex-subchefe relembra. "Fiquei puto e perguntava na redação: 'Por que o Ziraldo pode ter o privilégio de ficar sabendo de toda a história e o leitor, por não ser amigo do Zuenir, não tem esse direito? Tem que publicar!'"

Ziraldo ainda estava muito traumatizado. No domingo anterior, fora à casa de Nava discutir com ele e Nieta o futuro livro. Levara também o *Círio perfeito* todo anotado. "Eu me encontrava próximo demais ao Nava." Mas isso apenas reforçou uma posição que considera imutável: "Há notícias que não precisam ser dadas, e a missão do jornalista não é dar todas as notícias".

Hoje, ele acha irrelevante falar do que aconteceu, mas na época não. "Não acredito que as razões de um suicídio — que ia virar um escândalo — de um velho e respeitado personagem da cena brasileira, com sua viúva ainda viva, seus sobrinhos e parentes ainda chocadíssimos com sua morte, fosse um dever de jornalista."

Da mesma maneira pensava e pensa a jornalista e escritora Silvana Gontijo, prima querida de Pedro Nava, a quem visitava semanalmente. "Toda terça-feira, Pedro e Nieta saíam da rotina e me esperavam para almoçar em horários diferentes. E, o que era incrível, ouviam com a maior atenção aquela insegura garota mineira." Na época, Silvana me ligou pedindo para não publicar as razões do suicídio. Ela sabia da chantagem, mas nem na ocasião nem agora revela como soube.

Entre dois fogos, eu continuava em dúvida. Liguei então para Flávio Pinheiro, que me substituíra na chefia da sucursal da *Veja*, quando me transferi para a *IstoÉ*. Ele estava cobrindo o caso com seu subchefe, Dácio Malta, e eu queria saber o quanto tinham avançado na apuração. Tanto quanto nós, eles dispunham apenas da versão do rapaz. Normalmente, concorrente não consulta concorrente, a não ser para coisas menores: uma declaração que o repórter perdeu numa coletiva, trecho de um discurso. Nunca para tópicos mais relevantes, menos ainda para tratar da edição — de como se vai dar uma matéria. Mas aquela era uma situação nova para nós dois.

A exemplo de Xexéo, os dois jornalistas de Veja saíram da conversa com o tal Beto impressionados — "inseguros para dar uma matéria baseada apenas naquele sujeito, mas muito impressionados", lembra Flávio, que, depois de três horas com o rapaz, pôde concluir: "Por mais que ele tivesse um lado de bazófia, de exibicionismo, os indícios de que mantinha relações com Nava eram muito fortes. As indicações do jeito do escritor, da maneira de falar, a descrição das roupas, entre outros detalhes, demonstravam intimidade". Dácio saiu também sem dúvidas.

O problema é que faltavam outras evidências. A foto poderia ser uma delas, embora ele mesmo tivesse dito a Flávio que não havia nada demais: eram os dois abraçados como amigos. Mesmo assim, não a mostrou: prometeu mais de uma vez e na hora desistiu. Do mesmo jeito que tentara com Xexéo, quis vendê-la, alegando que com a repercussão do caso ia precisar de dinheiro para sair do Rio.

Calculo que centenas de telefonemas foram disparados naquela semana a partir das duas sucursais. "Batalhei até o último instante a possibilidade de dar a informação", recorda Flávio. "Corremos atrás de indícios, fomos à cata de pessoas que pudessem ter alguma história, não descansamos."

Enquanto nós íamos atrás da informação, os amigos de Nava se movimentavam na direção contrária. Eles queriam evitar que a imagem do grande escritor fosse "manchada", como se dizia. Mostravam-se mais preocupados em não deixar que saísse qualquer referência na imprensa à sexualidade de Nava do que em descobrir a causa do suicídio.

O editor José Mário Pereira, da Topbooks, lembra que Otto Lara Resende lhe telefonou pedindo que interferisse junto ao diretor de *O Dia*. "Fui até a casa do dr. Ary de Carvalho", conta José Mário, "esperei que ele chegasse e transmiti o apelo do Otto. Na mesma hora, ele ligou para a redação ordenando que nada saísse no seu jornal."

Flávio não esquece a aflição que é sempre para o jornalista conhecer um fato, acreditar numa história e não poder publicá-la por falta de provas. A impotência talvez seja maior do que o fracasso na apuração. Mas hoje ele agiria da mesma maneira. "Com o que se tinha de informação na época, sem considerar o que pode ter aparecido depois, eu acho que me decidiria agora, como na ocasião, a não dar. E olha que minha vontade e meu empenho então eram no sentido de publicar."

O episódio continua dividindo opiniões de colegas e amigos. Ricardo Setti era redator-chefe da *IstoÉ* em São Paulo e lamenta não ter se empenhado para mudar a decisão, que foi tomada numa instância acima da sua. A direção suprimiu a versão da chantagem que, de forma resumida, a sucursal do Rio mandara. Provavelmente ele não teria êxito, mas acha que devia ter insistido. "Não tenho a menor dúvida de que violamos nosso dever de jornalistas e deixamos de cumprir nossa missão para com o leitor."

Setti, a meu ver, tem a melhor compreensão do que pode ter ocorrido: "O preconceito foi mais social do que sexual. Poupamos o Nava por ele ser o Nava. Se fosse um modesto jogador de futebol ou cantor, teríamos publicado. Com a omissão de fatos absolutamente relevantes sobre o suicídio de uma figura pública, deixamos sem explicação para os leitores um acontecimento dramático que, sim, tinha uma explicação plausível".

Um ano antes da morte de Pedro Nava, Humberto Werneck, que trabalhava na *IstoÉ*, em São Paulo, passou uns dias no Rio preparando o que talvez tenha sido o último grande perfil jornalístico do autor, que ele admirava e cuja obra conhecia bem. Embora sua área preferencial fosse a cultura, Werneck pertencia a outra editoria quando Nava morreu e, por isso, não participou da decisão. Se tivesse participado, teria votado contra a publicação. Ele faz hoje uma autocrítica.

> Sinto vergonha das futuras gerações, da geração de meus filhos, sinto vergonha do futuro biógrafo de Pedro Nava quando fosse remexer no assunto, já distante da circunstância: eu era jornalista naquele momento e fui a favor de sonegar ao leitor uma informação importante.

Werneck hoje não hesitaria em publicar toda a história: "Eu faria isso pelo jornalismo, não por alguma militância em causa própria que na verdade não exerço. A atitude da imprensa na época, além de contribuir para perpetuar o preconceito, tentou esconder um segredo de polichinelo".

De fato, em 1986, era publicado no Brasil o livro *A solidão povoada, uma biografia de Pedro Nava*, tese de doutorado da professora francesa Monique Le Moing, um mergulho na obra e na vida do memorialista. Depois de pesquisar arquivos, de ouvir a viúva Nieta e amigos, entre os quais o intelectual e político Afonso Arinos, o poeta Carlos Drummond de Andrade e o crítico Antonio Candido, a autora traz a público pela primeira vez a questão da homossexualidade, tratando-a com delicadeza e cautela.

Com base na obra e em declarações do autor à imprensa, ela mostra como Pedro Nava sempre esteve contra a hipocrisia, o preconceito e os tabus sexuais que, no fim das contas, acabaram levando-o ao suicídio. Monique cita afirmações como esta: "Todo mundo atravessa um período intersexual... a vida é foda: o resto é brincadeira". Ou esta confissão feita em 1983: "Sexualmente falando, sou extremamente liberal. Cada um tem o direito de fazer o que quer".

Pouco depois, a propósito de *Tantos anos*, o livro de memórias de Rachel de Queiroz, a repórter Cynara Menezes publicou na *Folha de S.Paulo* de 26 de setembro de 1988 uma entrevista em que perguntava à autora:

"Por que você não se refere à homossexualidade de seu primo Pedro Nava?"

"Porque foi muito recente sua morte, porque éramos ligadíssimos e porque ele se matou para esconder isso. Então, todos nós respeitamos. Ele se matou para não ser desmascarado por um sujeito que estava fazendo chantagem."

O "caso Pedro Nava" encerra uma das questões éticas mais complexas do jornalismo: os limites entre aquilo que é público e cujo conhecimento é um direito de todos — e um dever do jornalista divulgar — e o que, por pertencer à esfera privada, deve ser mantido como tal. Nava era um homem público que escolheu uma via pública para praticar um gesto que, ele sabia, teria repercussão, chegaria à imprensa e seria investigado em suas causas e motivações. O ato final de sua tragédia foi exposto como um espetáculo de rua.

Olhando à distância acredito que tínhamos muitas razões ou álibis para não publicar a versão integral do suicídio de Nava: uma fonte não confiável, falta de elementos comprobatórios da chantagem. Mas acho que podem ter pesado muito na nossa decisão o moralismo da época e o "preconceito social", além do individual de cada um de nós. Hoje, acho que os jornais e as revistas teriam publicado mais do que publicamos, embora se deva admitir que ainda cultivem uma boa dose de tabus e interditos morais.

* * *

No dia 9 de abril de 2017, a *Folha de S.Paulo* publicou a reportagem de Mauricio Meireles sobre os documentos secretos de Pedro Nava finalmente liberados pela Fundação Casa de Rui Barbosa.

Neles há anotações sobre homossexualidade, muitas sem data. Em um dos documentos, Nava escreveu em forma de oração: "Senhor, Senhor, dilacerai a minha carne, mas tende pena dos homossexuais".

"Há nos papéis amarelados", informa Meireles, "um glossário de gírias gays antigas que Nava recortou. São palavras e expressões como 'ocô' (homem), 'amapô' (mulher), 'mona de equê' (homossexual) e frases completas como 'fazer o calçadão da Broadway' (passear na Cinelândia, no centro do Rio)."

Em outro trecho, Nava registra: "Sinônimo de pederasta na gíria carioca: veado, bicha, paca, cafona. Veado é genérico e mais para o jovem; bicha tem um significado mais ostensivo, profissional; paca é a bicha endurecida [...] e cafona o puto velho".

Entrevistado, Joaquim Nava, sobrinho e herdeiro do escritor, disse que não viu nos documentos "nada que sugira que o tio fosse homossexual".

Realmente, não existe uma confissão explícita, na primeira pessoa, de sua orientação sexual, nada que se possa dizer que Pedro Nava era um homossexual assumido. Mas, sem dúvida, fica evidente que ele tinha uma certa obsessão pelo tema.

Mostra a tua cara

No ano em que o país promulgou uma nova Constituição, mudando o seu rumo, eu fiz por acaso o que nunca pensei fazer e, ao fazê-lo, também alterei a rota de minha vida profissional. Foi quando, já cinquentão, publiquei meu primeiro livro, *1968, o ano que não terminou*, e a partir de então passei a me dividir entre o jornalismo e a literatura — a contragosto, diga-se de passagem. Escrevi o livro obrigado por uma conspiração de afetos envolvendo minha mulher, Mary, e meu amigo Sérgio Lacerda, então dono da editora Nova Fronteira.

Nós três havíamos nos conhecido na *Tribuna da Imprensa*, que em 1960 passara a ser dirigida por Sérgio, em substituição a seu pai, Carlos Lacerda, eleito governador da então Guanabara. Mais velho e experiente, pude ser de alguma valia para aquele jovem que estava sendo lançado meio sem preparo num difícil cargo de comando. Eu não era lacerdista e, em política, Sérgio e eu concordávamos muito pouco.

A primeira divergência surgiu quando, em 1962, assinei um manifesto apoiando a posição do Brasil na conferência de Punta del Este, em que o chanceler San Thiago Dantas desafiou os

Estados Unidos, abstendo-se de votar a expulsão de Cuba da OEA, a Organização dos Estados Americanos. O documento teve grande repercussão pública e, em especial, dentro da *Tribuna*, onde fui acusado de "traição", embora tivesse comunicado à direção o que ia fazer. Os lacerdistas alegavam que eu ocupava um cargo de confiança (era subsecretário) e não podia me manifestar publicamente contra a posição do jornal.

Na verdade, em três anos, Carlos Lacerda passara do amor ao ódio a Fidel Castro. Em 1959, os dois haviam se encontrado no Rio e, após uma conversa que terminou às quatro horas da madrugada, Lacerda concluiu: "Ele é fabuloso, tem uma lógica de ferro". Agora, porém, Cuba e seu dirigente máximo, que acabara de se declarar marxista-leninista, eram temas indesejáveis na *Tribuna da Imprensa*.

Sérgio estava disposto a não entregar minha cabeça, mas a pressão interna foi crescendo e um dia resolvi facilitar as coisas, deixando-lhe escrito um pedido de demissão antes de sumir — de tal maneira que nem Mary, que eu já estava namorando, sabia de meu paradeiro. Curiosamente, alguns meses depois, o *Jornal do Brasil* comprava a *Tribuna* e eu era convidado por Alberto Dines, novo diretor de redação, para sermos, José-Itamar de Freitas e eu, seus editores executivos. Essa fase durou pouco, mas me deu a chance de conhecer dois dos mais brilhantes intelectuais de minha geração, dos quais me tornaria amigo: o poeta Mário Faustino (que morreu meses depois) e o então crítico de teatro Paulo Francis, com quem voltaria a trabalhar bem mais tarde na revista *Visão*. Os dois tinham sido levados para a *TI* por Dines.

O incidente do manifesto interrompeu nossa relação de trabalho, nos separou por algum tempo, mas não abalou nossa amizade. Tanto que fui uma espécie de "padrinho de honra" dos três filhos de Sérgio com Maria Clara Mariani, sua primeira mulher.

Todos esses laços lhe davam autoridade para participar da trama tecida por minha mulher. Assim é que, num dia de junho de 1987, ela chegou em casa anunciando que os dois haviam decidido que eu deveria escrever um livro para comemorar o 20º aniversário de 1968. Ela dizia que eu tinha fixação no período, tanto que já escrevera em 1969, com a colaboração de Dorrit Harazim e uma equipe, a série de doze fascículos intitulada *Os anos 60: A década que mudou tudo*, publicada em livro pela editora Abril.

Mesmo assim, achava a ideia inviável, por falta de tempo e de vontade. Mas não era o caso de me preocupar, porque estava certo de que o projeto não iria adiante. No dia seguinte, Mary e Sérgio teriam se esquecido dele. Não esqueceram e continuaram insistindo. Aleguei que era pouco provável, quase impossível, que o *Jornal do Brasil*, onde eu era responsável pelo Caderno B e o B/Especial, me concedesse uma licença. Acontece que Marcos Sá Corrêa, editor do jornal, me concedeu.

Então, não havia o que fazer a não ser escrever o livro.

Os dez meses seguintes passei entre o departamento de pesquisa do *JB* e a Biblioteca Nacional fuçando jornais velhos. Ou em campo para entrevistar personagens da época. Mergulhei tanto naquele ano que às vezes, à distância, faço confusão entre 1968 e 1988, como se tivesse vivido os dois ao mesmo tempo.

Nunca acreditei que o livro pudesse fazer sucesso. Num momento de acontecimentos tão palpitantes, quem iria se interessar pelo que se passara vinte anos atrás? Minha descrença pode ser medida pela aposta que fiz com Xico Vargas e Fábio Dupin na redação do *Jornal do Brasil*: a cada edição lançada eu lhes pagaria um jantar e daria uma garrafa de uísque. Não acreditava que *1968* passasse da primeira. Chegou à 40ª, e não paguei a aposta. Estava tão nervoso que, ao ser entrevistado por Jô Soares (seu programa, recém-lançado no SBT de Silvio Santos, era "a melhor surpresa do ano", como fora classificado pela então crítica Cora Rónai), troquei nomes de personagens, errei datas, um vexame.

Entre as alegrias que o livro me deu está a repercussão junto a críticos como Paulo Francis:

> A conversa sabida nos meios da elite jornalística era que Zu ia fazer um trabalho de carregação, com apenas dez meses de preparo. Picas. O texto é cuidadíssimo, quem escreve sabe que aquilo que lá está foi reescrito "n" vezes. E sua atitude *au-dessus de la melée*, olímpica, digamos, dando a todos os participantes um tratamento objetivo, só engana gente não habituada a ler. Ou se preferirem, não acostumada a destrinchar subtextos. O efeito cumulativo dessa "objetividade" é devastador sobre os protagonistas.

O artigo era enorme e terminava sugerindo que eu escrevesse a história dos anos seguintes também. "Minha única objeção ao livro é a falta de um índice de nomes (o que os nossos pedantes chamam de onomástico). A capa também é feia, mas, bem, o livro é um acontecimento político e cultural."

1968, o ano que não terminou se explica um pouco por 1988, o ano que começou às 15h50 do dia 5 de outubro, com Ulysses Guimarães, presidente da Assembleia Nacional Constituinte, dizendo: "Temos ódio à ditadura. Ódio e nojo". Promulgava-se a Constituição, pondo-se fim ao longo período de arbitrariedades introduzido na História do Brasil a partir de 1964, com cassações de mandatos, perseguições, prisões indiscriminadas, torturas e assassinatos, censura, banimento e exílio. Um novo tempo se iniciava.

O Brasil nascido da "Constituição-Cidadã", como a chamou dr. Ulysses, se transformava num país em que a tortura e o racismo passavam a ser crimes inafiançáveis, em que a polícia não podia mais torturar impunemente, em que os trabalhadores eram livres para fazer greve e não podiam ser demitidos sem justa causa, em que os analfabetos e os jovens com mais de dezesseis anos podiam votar e em que não haveria mais censura sobre nenhuma forma de expressão jornalística ou artística.

Não era perfeita, como o próprio texto reconhecia ao admitir sua reforma cinco anos depois, mas significava um grande avanço, por ser uma das mais modernas do mundo, das poucas a ter um capítulo dedicado ao meio ambiente. Para usar o otimismo do momento, era "o documento da liberdade, da dignidade, da democracia, da justiça social do Brasil", como diria Ulysses na solenidade de promulgação da nova Carta.

Mil novecentos e oitenta e oito foi, porém, um ano por demais assimétrico. Em dezembro, duas tragédias se abateram sobre o país quase ao mesmo tempo: o assassinato de Chico Mendes, mártir da causa ambiental, e o de Odete Roitman, a vilã da novela *Vale tudo*, de Gilberto Braga. A morte do líder seringueiro chocou o mundo, a da malvada sem escrúpulos mobilizou o país. A televisão expulsava a realidade e construía o simulacro perfeito: o Brasil passava a ser visto como uma telenovela.

Ao fazer o balanço do ano, o humorista Tutty Vasques anarquizava as queixas. "Reclamam dos 80 como se os 40, os 20, os 70, os 50 tivessem sido anos dourados. Nunca houve sequer um ano bom na história deste país, nenhunzinho." E aconselhava: "Oi, tenta, bicho! Pelo menos tenta".

Mas a verdade é que a crise moral e política era particularmente séria. Pesquisa do Ibope indicava que 90% da população achava que ser político era cuidar apenas de seus próprios interesses. O presidente José Sarney chegou a cancelar a ida a dois casamentos de filhos de amigos — um no Rio e outro no Recife — com medo de ser hostilizado. Luiz Inácio Lula da Silva, presidente do

PT, tripudiava: "Até crianças de dez anos estão protestando contra Sarney, o que prova que ele não tem condições de ser presidente nem da Disneylândia". A moeda também estava desmoralizada. A inflação chegara a 928% ao ano, levando um quilo de feijão a subir em doze meses de Cz$ 40,90 para Cz$ 740,00.

Era esse o país que o psicanalista Jurandir Freire Costa procurava entender, num ensaio, e contra o qual Cazuza protestava na sua última temporada no Canecão, em novembro de 1988. "Brasil, mostra a tua cara!", ele cantava. Saí do show e escrevi um artigo — "Um grito contra a razão cínica" — classificando o espetáculo como o "comentário poético-musical mais impressionante sobre esses nossos tempos finisseculares, em que o fim do século parece o fim do mundo".

O artigo dizia ainda:

> Com trinta anos, representante tardio da geração AI-5, a que nasceu sem voz, Cazuza é hoje um fenômeno, mais do que um simples desmentido. Com uma vitalidade e uma revolta que nada têm a ver com o conformismo pós-moderno ou com a abulia milenarista já detectada por Marilena Chaui, o autor de "Ideologia, eu quero uma pra viver" apresenta, durante quase duas horas, um repertório que é um grito contra o que Jurandir Costa, para descrever o Brasil moderno, chamou de "razão cínica".
>
> Se for ao Canecão, ele ouvirá ali um discurso indignado, na melhor tradição do termo: sem queixumes, sem pieguice, sem rancor, mas cheio de ira sagrada, com a coragem de quem viu "a cara da morte/ E ela estava viva".

Por uma curiosa sintonia, havia conceitos no ensaio de Jurandir que poderiam estar no show, como estes versos, com os quais o psicanalista tentava apreender a atmosfera do país: "Esta sensação nacional de que nada tem valor. Tornamo-nos todos homens sem pudor".

Eu acrescentava: "Dá vontade de introduzi-los em 'Brasil', a trilha sonora de *Vale tudo*, a novela e o país, que diz:

Toda essa droga
Que já vem malhada
Antes de eu nascer."

Com tanta demanda moral, é possível que tenha soado como novidade a história de uma geração que tinha a ética como valor e a política como paixão, a geração de 1968.

Notícias de uma guerra civil

NÃO POR FALTA DE AVISO

A primeira vez que se usou essa expressão foi na capa da revista *Veja* de 7 de janeiro de 1981: "A guerra civil no Rio". A matéria, apurada pela sucursal carioca, que eu chefiava, e redigida na matriz, em São Paulo, descrevia a situação como de "flagelo":

> Há pelo menos uma coisa em comum entre o jornalista João Saldanha, antigo militante do Partido Comunista, e o general Antônio Carlos Muricy, estrela da linha dura militar até vestir o pijama. É a mesma que liga outras duplas cariocas, por nascimento ou adoção, igualmente díspares — como o escritor Fernando Sabino e a novelista Janete Clair, ou o banqueiro Frank Sá e o ator Hugo Carvana. Todos são exemplos acabados de que um recente flagelo do Rio de Janeiro — os assaltos à mão armada — fez vítimas famosas em número suficiente para formar uma singular categoria de colunáveis do crime.

Chamava-se a atenção para o fato de que, a dezenove anos de distância do século XXI, algumas de nossas áreas urbanas se encontravam entre as piores do mundo em matéria de criminalidade, "superando os mais notórios infernos sociais de que se tem notícia". E, pior, a população estava se conformando com isso. Embora a violência criminosa já atingisse outras cidades, como São Paulo, o Rio já era incomparável.

> Edifícios inteiros são assaltados. Roubam-se as pessoas dentro dos ônibus que circulam à luz do dia. Criminosos atacam automóveis que param nos sinais de tráfego, ferem e matam suas vítimas, ateiam fogo às suas casas. É raro, na zona sul do Rio, encontrar uma família ou roda de amigos que não tenha tido nenhum de seus membros assaltado.

Uma pesquisa de opinião pública do Instituto Gallup revelava que um em cada dois integrantes da classe A do Rio já tinha sido assaltado nos últimos dois anos e que, em 1980, 36% dos entrevistados cariocas tinham sofrido pelo menos um assalto. Os sinais dessa calamidade eram a proliferação de polícias privadas, de guaritas e equipamento eletrônicos de segurança. Só uma empresa de portas de aço com fechaduras adicionais aumentara seu faturamento em 50%.

Suspeitava-se que boa parte das tropas marginais que alimentavam essa guerra civil vinha do cinturão de miséria que formava a Baixada Fluminense, onde a ação dos grupos de extermínio fez os índices de criminalidade ultrapassarem a marca de 2 mil cadáveres em 1980. Com essa proeza, a região ganhara da ONU o título de "a mais violenta do mundo".

A polícia, que só conseguia esclarecer um em cada dez crimes de morte, não raro oferecia às vítimas que a procuravam, em vez de investigação, policiais que se prontificavam a protegê-las por módicos salários. A reportagem informava que a guerra civil carioca apresentava números que deixavam para trás a "mitológica violência de Nova York".

O diretor da revista, José Roberto Guzzo, indignado, escrevia na "Carta ao leitor" da edição:

> Jamais houve, no país, um problema de segurança nacional mais genuíno que esse. Jamais tantas pessoas foram tão flagrantemente oprimidas em seus direitos mais fundamentais. Mas, em vez de estar entre as primeiras preocupações do poder, a questão, na prática, está entre as últimas.

NA REPÚBLICA DO PÓ

Com a atenção voltada para a política — Constituinte, eleições, redemocratização —, os governantes não se deram conta de que, à sombra da Nova República, vicejava uma outra república, criminosa, paralela, poderosa: a "república do pó". Foi quando o crime deu um salto de *qualidade* no Rio de Janeiro, deixando a fase artesanal e profissionalizando-se. Tornou-se espetacular, rompeu limites, articulou-se. Promoveu fugas de presídios em helicóptero, guerreou entre si, reivindicou conteúdo ideológico, misturou-se com a política e chegou a ser um dos temas centrais da campanha eleitoral para o governo do estado em 1986, vencida por Wellington Moreira Franco (PMDB) com a promessa de "acabar com a violência em cem dias".

Um pouco antes, no último dia de 1985, o traficante de drogas José Carlos Gregório, o Gordo, numa operação espetacular, resgatara de helicóptero, do presídio Cândido Mendes, na Ilha Grande, seu comparsa e xará José Carlos dos Reis Encina, o Escadinha. Dois anos depois, ambos estavam novamente presos no complexo penitenciário da rua Frei Caneca, no centro do Rio, juntos com outro bandido, Roberto de Moura Lima, o Meio-Quilo, quando foi tentada a mesma operação para libertar os três. Mas dessa vez fracassou.

Os sentinelas receberam o helicóptero a tiros. Morreram o piloto, os dois sequestradores do aparelho e Meio-Quilo, cuja morte comoveu não só o morro do Jacarezinho como sua namorada de vinte anos, a linda filha do então vice-governador do estado. M. A. não foi a única jovem de classe média alta a viver uma história de amor bandido nessa época. A. C., de quinze anos, neta e prima de políticos cariocas, namorava um uruguaio fugitivo da Ilha Grande, e L. G., de dezenove, neta de coronel e filha de um advogado e de uma arqueóloga, era amante do irmão de Escadinha, Paulo Maluco, de quem disse: "Ele é macho e me faz sentir rainha" (uma premonição desse fenômeno já aparece em 1976 no romance *Terror e êxtase*, de José Carlos de Oliveira, em que uma menina bonita e bem-nascida se apaixona pelo traficante Mil e Um, assim chamado porque só tinha os dois dentes caninos).

Escadinha, Gordo e Meio-Quilo, todos da Falange (depois Comando) Vermelha, surgiram no cenário carioca como um novo tipo de bandido — ousado, "assistencialista", contestador da ordem social. "Sou traficante, não sou ladrão", dizia Escadinha, cujo pai era cabo eleitoral de candidatos a deputado no Morro do Juramento.

O secretário da Polícia Civil, Hélio Saboya, acusava a imprensa de glamorizar os traficantes: "Já se chegou a comparar Meio-Quilo a Ho Chi Min [o líder revolucionário vietnamita], pensou-se até em fazer um busto em sua homenagem. Hoje em dia o crime organizado tem porta-vozes que são mais ouvidos do que as fontes do poder público".

A escalada do pó não parava. No dia 30 de agosto de 1987, Augusto Nunes escrevia na primeira página do B/Especial, do *Jornal do Brasil*:

> No Morro Dona Marta, as tropas rivais de dois generais do tráfico — Zacarias Gonçalves Rosa, o Zaca, e Emílson dos Santos Fumero, o Cabeludo — promoveram pesados tiroteios durante exatos seis dias.

A imagem símbolo da república do pó, porém, não saiu daí, mas da Rocinha. O traficante Bolado, agonizante, pedira que a favela se vestisse de branco por sua morte, o branco do pó. Edinaldo Oliveira Barreto, o Naldo, seu sucessor, cumpriu a promessa de forma escandalosa: com roupa e capuz imaculados, foi fotografado sobre a laje de um barraco, empunhando uma metralhadora Uzi, em pose de guerrilheiro palestino.

Acostumado a descer no Carnaval para a alegria da cidade, o morro aprendeu nessa época a descer para assustá-la: armados de paus e pedras, dezenas de moradores da Rocinha bloquearam as pistas da autoestrada Lagoa-Barra, provocando o fechamento do comércio e um gigantesco congestionamento. A polícia reprimiu a manifestação com tiros e bombas de gás lacrimogêneo. Os manifestantes reivindicavam a transferência do traficante-protetor Denir Leandro da Silva, o Dênis da Rocinha, de um presídio para outro. "Foi um dia inteiro de agosto, de medo e de tensão", escreveu o *JB*.

Juntos, o repórter Manoel Francisco (Kiko) Nascimento Brito e eu publicamos um artigo que poderia ser escrito hoje, mudando apenas os personagens.

> Ao ocupar o vazio da ordem nos morros, o tráfico percebeu a aflição dos deserdados, reformulou seu jargão e virou poder, atribuindo-se o

papel de porta-voz da marginalidade urbana. Nesse sentido, o tráfico funcionaria como uma espécie de vanguarda do lumpesinato, além de exercer forte sedução sobre os consumidores de classe média, que sustentam os Naldos com seu vício.

Depois, mostrávamos como a imagem de um líder "popular", de um bandido "honrado", articulando um discurso de contestação e canalizando reivindicações amorfas, despertava reminiscências da guerrilha urbana dos anos 1970.

Outros setores da classe média preferem o discurso da ordem-a--qualquer-preço, a polícia subindo os morros, distribuindo tiros até que, finalmente, o mal — isto é, as favelas — seja definitivamente erradicado da paisagem da cidade. Arma-se uma confusão conceitual que politiza os problemas da polícia e faz da política um caso de polícia.

Lendo esse artigo dezessete anos depois, não se entende por que os governantes não perceberam o ovo de serpente que estava sendo chocado à vista de todo mundo. A ocupação gradativa dos morros pelos traficantes, "nas frestas de um poder público omisso", era evidente. A matéria terminava lembrando Medellín, na Colômbia. "Lá, como se sabe, os traficantes criaram uma organização que hoje é um poder paralelo ao Estado. Tornaram-se polícia, justiça e até mesmo carrasco de quem tenta investigar suas atividades. Essa derrota do asfalto ameaça se tornar o pesadelo carioca."

Isso foi publicado em 29 de maio de 1988. Há coisa mais atual? Eu perguntava em 2005 e faço a mesma pergunta agora.

Se alguém ainda tivesse dúvidas, que lesse então o documento que a Falange Vermelha redigiu logo após a morte de Meio-Quilo.

Estarrece até hoje não só pelas ameaças, mas também pela petulância com que se apresenta, dando-se status de instituição. Assinado por treze bandidos, o texto diz saber que as Forças Armadas e o governo consideravam a quadrilha a "única organização terrorista de esquerda existente no país". Se é assim, eles se interrogavam, por que não agir como tal? E enumeravam os feitos de que seriam capazes:

— Se temos poderes para fechar uma rua, com o intuito de desapropriar um banco, uma joalheria ou seja lá o que for, temos também poderes para "cobrar" de quem quer que seja, até mesmo do próprio governador (Moreira Franco).
— E todas as vezes que um irmão de nossa família for morto, devemos também cobrar da mesma forma. Porém, buscando sempre cobrar daqueles de onde as ordens partem.
— O governador do estado, por ser ele governador, é menos vulnerável que nós? Pois lhe respondemos que não, uma vez que, da mesma forma que fechamos uma rua para desapropriar um banco, podemos fechá-la para matá-lo.

Tudo tornara-se possível nesse reino da transgressão, até uma declaração como esta de Bolado: "A revolução do país começará no morro". O bandido sugeria que ela ia começar pelas mãos de sua quadrilha.

UM BANDIDO DIVIDIDO

Nove anos depois, em 1997, subi pela primeira vez o morro Dona Marta, em Botafogo, na zona sul do Rio, em companhia do documentarista João Moreira Salles. Não sei como seus frágeis sessenta quilos, espalhados por 1,74 metro, suportavam o peso dos equipamentos de projeção de slides e de vídeo. Todas as quartas-feiras à noite, ele ministrava um curso de arte para a comunidade, e naquele dia eu ia assistir a uma aula. No meio da subida dos trezentos degraus que levavam ao alto do morro, eu já estava com a língua de fora. Parei para retomar o fôlego e me sentei num improvisado banco de pedra. De repente, surgido não sei de onde, postou-se na minha frente um jovem moreno, de olhos meio puxados, parecendo não um afro, mas um sino--descendente. A tiracolo, um fuzil AR-15.

"Muito prazer, sou o Márcio VP", ele se apresentou, e antes mesmo que eu me refizesse do susto, anunciou: "Vou escrever um livro que começa onde o do senhor termina" (referia-se ao *Cidade partida*, sobre a violência no Rio, publicado em 1994). Não entendi bem o que isso queria dizer, mas, fosse o que fosse, respirei fundo e perguntei se podia gravar nossa conversa no minigravador que, por via das dúvidas, levara no bolso.

Na adolescência, Marcinho VP se destacara na guerra entre os traficantes Zaca e Cabeludo, ao lado deste. Agora, tinha 27 anos, oito tiros no corpo, como se vangloriava de anunciar, e 42 anos de condenação por tráfico de drogas, tentativa de suborno e formação de quadrilha. Era o bandido mais procurado da cidade.

No ano anterior, ganhara notoriedade internacional porque a produção do cineasta americano Spike Lee solicitou, não das autoridades, mas dele, chefe do tráfico, licença para gravar um clipe do cantor Michael Jackson no morro Dona Marta. Por essa ocasião, *O Globo*, *Jornal do Brasil* e *O Dia* publicaram uma polêmica entrevista do traficante. A história está contada em detalhe no livro *Abusado*, de Caco Barcelos, lançado em 2003. Márcio me disse ter-se sentido duplamente traído: um acordo teria sido rompido pelos jornalistas e uma afirmação, deturpada.

Segundo sua versão, quando os repórteres lhe perguntaram se era viciado, respondeu: "Não. Não bebo, não cheiro e só queimo o mato certo". Era uma referência a um cartão-postal comicamente ecológico: um jovem numa paisagem bucólica fumando um baseado e a inscrição: "Proteja a natureza. Queime o mato certo". A entrevista não fora gravada, e Marcinho aparecia declarando em um dos jornais: "Só mato certo".

O governo Marcelo Alencar (1995-9) considerou as declarações uma afronta e respondeu com uma invasão policial da favela.

Marcinho acreditava que a entrevista tal como publicada o condenou mais do que os seus crimes. Queixou-se comigo: "Denise Frossard [a famosa juíza que em 1990 mandou para a cadeia a cúpula do jogo do bicho] zoou minha paciência dentro do tribunal dizendo que aquilo era um abuso, que ela estava na Suíça tomando um café-creme quando abriu um jornal de lá e viu minhas declarações. Achou um absurdo".

Não cheguei nem a sacar o gravador. Por causa dessa confusão, Márcio VP não queria saber de entrevista. Continuamos conversando, até que apareceu um garoto de uns dez anos exibindo contente um bolo de papel rasgado na mão: "Olha aqui, Marcinho, mais um". Sem esconder o orgulho, o bandido me explicou que a polícia espalhara pela favela cartazes com sua foto oferecendo uma recompensa de R$ 10 mil por informação que levasse à sua captura. "Não adianta, a garotada rasga todos."

Já que não ia ter a entrevista, procurei me desvencilhar da incômoda companhia e prossegui minha penosa subida pela interminável escada. Quando cheguei a meu destino, já encontrei a sala lotada de jovens.

O curso de João Salles, com a ajuda de slides e vídeos, era sobre a Renascença, mas naquela noite ele fez uma introdução que começava na arte antiga. Projetava uma escultura e explicava:

"Lá atrás era assim: o que era humano importava pouco, essencial eram os deuses, sempre abstratos, distantes, exercendo o poder sobre o mundo."

Agora ele estava no Egito, mostrando a imagem de uma divindade: "Estou falando de cinco séculos antes do nascimento de Jesus Cristo. O que vocês estão vendo aqui é uma figura divina, mas já é possível perceber uma certa tentativa de aproximar essa figura do mundo dos homens".

O interesse dos alunos por um tema tão distante era impressionante. Me lembro do impacto que causou a imagem de Tutancâmon. A plateia, curiosa e fascinada, não parava de fazer perguntas. Quando o professor informou que a máscara desse faraó era toda de ouro, houve espanto e rebuliço na sala.

> Reparem que teve um grande ausente, alguém que não compareceu na história destas civilizações: os que sofrem e são frágeis. Se a gente tomar o samba, o hip-hop e o funk como exemplos de manifestação artística, é como se todo samba saísse da Vieira Souto, todo hip-hop da avenida Atlântica e todo funk das boates da zona sul. É como se uma parcela importante da humanidade não fosse representada.

Se havia traficantes no curso? Devia haver, mas não dava para identificar, porque ninguém estava armado.

A aula de João já ia terminar quando alguém chegou ao meu ouvido e segredou que o "chefe" queria falar comigo. Levantei-me e segui o emissário. Marcinho estava numa sala no fundo do prédio em que funcionava o curso. Me aguardava de pé, sem arma e na companhia de outro jovem. "Resolvi dar a entrevista", anunciou.

Devo ter feito algum comentário, junto com a observação de que ele se mostrava muito tranquilo para ser o homem mais caçado do Rio. "É, mas ontem mesmo invadiram a casa de minha mãe no morro Chapéu Mangueira, no Leme." Seria o mesmo policial que o baleara anos atrás. "Na época, minha mãe teve que vender o carro e pagar a ele US$ 25 mil para que não fossem desligados os aparelhos que me mantinham vivo no hospital."

Durante hora e meia gravei a conversa, temendo estar virando um especialista no gênero. Era a segunda grande entrevista que fazia com traficantes. A primeira, com Flávio Negão, constava do *Cidade partida*. Esta de VP acabei não publicando. Achei que a arrogância do bandido debochando de seus perseguidores poderia provocar uma reação violenta das autoridades que atingisse inocentes. Com a gana que a polícia estava de pegá-lo, ia fazer tudo para descobrir seu esconderijo, inclusive cometer desatinos. E quem pagaria seriam os moradores. A lembrança da chacina de Vigário Geral em 1993, quando 21 moradores inocentes foram executados pela polícia, estava ainda muito presente. Foi a segunda decisão antijornalística da noite. A outra foi não fazer uma pergunta que me queimou a língua o tempo todo. Temi que ela pudesse ser recebida como sugestão:

"Por que você não sequestra o João?"

Em nenhum outro lugar havia condições mais favoráveis, nem presa mais fácil e mais adequada, sendo João filho do banqueiro Walther Moreira Salles, dono do Unibanco. Bastava prendê-lo lá em cima, levá-lo para um cativeiro e aguardar o milionário resgate (essa, para mim, era a maior prova da estima do bandido pelo "professor").

Marcinho às vezes atropelava o português, falando "tóchico" em vez de tóxico, mas era fluente, embora suas ideias fossem meio confusas. Misturava retórica de pregação evangélica com mensagem populista de assistencialismo social. Ele se dava como missão proteger a comunidade (palavra recorrente) e salvar as crianças do crime. Dizia coisas assim: "Se eu morrer, morre um grão de luz dentro do meu povo", "Minha preocupação é mostrar ao meu filho de dez anos que lido com tráfico, mas o tráfico não é importante para mim, o importante é minha comunidade", "A comunidade me vê como protetor dela", "O mal da favela é a inconsciência política e social. As pessoas não sabem o seu valor como ser humano".

"Você já matou muitos?", acho que foi minha primeira pergunta.

"Não, só por necessidade. Se fiz, foi uma vez, não mais do que isso."

"Flávio Negão me confessou com franqueza algumas mortes e torturas. Você já torturou?"

"Não. Já matei assim um cara me dando um tiro e eu dando outro, e ele morreu."

Havia uma grande diferença entre VP e Negão. Este assumia toda a sua hedionda crueldade e recusava qualquer pretensão política ou ideológica. O tráfico não passava de um negócio sujeito às leis do mercado. Quando falava em paz era porque a guerra atrapalhava as vendas. Já Marcinho tentava me convencer de que tinha uma missão além do crime. Ao longo da conversa, no entanto, achei que talvez ele fosse mais do que um cínico. Suas contradições e ambiguidades pareciam expressar, com sinceridade, o estado de uma cabeça embaralhada.

Pouco antes, ele se dissera "muito preocupado" com a proliferação da cocaína. Admitia fumar maconha desde a juventude — "enquanto escrevo ou ouço música" —, mas negava o uso de droga pesada. Segundo sua estatística, 50% dos motoristas de ônibus, taxistas e metalúrgicos da cidade eram dependentes. "Há uma cheiração tão grande aqui como em Nova York. O senhor pode ter certeza de que em cada rua de Botafogo, por exemplo, tem tráfico de drogas." Aproveitei para provocá-lo:

"Você admite que cocaína é um mal. Como é que se sente vendendo esse mal?"

"Eu me sinto mal, mas a culpa não é minha, é do desajuste da sociedade: um casamento que não se encaixa, um emprego em que a pessoa não se sente alegre, tudo isso faz com que a droga seja um mal necessário. Não se trata só de um vício, é um problema social. Se não fosse a cocaína, ia ser anfetamina, sonífero, cogumelo, qualquer coisa."

"O seu mercado de consumo é mais aqui dentro ou lá fora?"

"Muito mais lá fora. Mas, pelo que sei dos outros morros, há muitos trabalhadores de três salários mínimos se viciando. Na minha comunidade, não aceito isso, não aceito, mesmo."

"Na sua atividade a vida é curta. Em geral vocês não chegam a vinte, 21 anos. Você acha que chega aos trinta?"

"Aos trinta, eu consigo. Mas não tenho medo de morrer, não. Sou kardecista, mais do que católico, e acredito na reencarnação."

Quando quis saber se ele tinha algum projeto para o futuro, respondeu: "Chegar ao México". Dizia-se empolgado com a figura do subcomandante Marcos, o líder carismático dos guerrilheiros zapatistas mexicanos, que, dois anos antes, sem armas, com um cachimbo e o rosto coberto por uma máscara preta de pano, saíra das selvas de Chiapas e caminhara 3 mil quilômetros até o centro da Cidade do México, à frente de 25 mil pessoas. Apoiada por personalidades como o escritor português José Saramago e a ex-primeira-dama francesa Danielle Mitterand, a marcha chamou a atenção do mundo e tinha como objetivo pressionar o Congresso mexicano a aprovar leis de proteção à população indígena.

"Seu sonho é ser um bandido social?"

"Sou e me sinto um guerrilheiro."

Como disse, não publiquei a entrevista e nunca mais voltei ao Dona Marta.

O IMPOSSÍVEL, POSSÍVEL

Durante o ano em que João e Márcio se encontraram para o curso ou para conversar, estabeleceu-se entre eles uma relação que para mim foi difícil de entender, principalmente quando tempos depois estourou como escândalo a notícia de que o filho de um dos maiores banqueiros do país estava financiando o traficante com uma bolsa de R$ 1,2 mil para que ele contasse sua experiência existencial.

Sem vício ou o hábito de fumar, beber ou cheirar, João era um fino intelectual de formação europeia. O que o levaria a arriscar sua imagem e a colocar sob suspeita sua reputação por uma causa tão discutível? Não só eu fiquei perplexo; a opinião pública também. Como ele mesmo admite: "Nós dois não podíamos ter nascido em polos mais opostos da sociedade brasileira".

Em nenhum momento duvidei das boas intenções de João, tanto que escrevi uns dois artigos defendendo-o da cilada que o governo de Anthony Garotinho (1999-2002) armara para ele. Na melhor das hipóteses, e era nela que eu acreditava, atribuía-se o gesto a um misto de ingenuidade, culpa social e bons sentimentos. Na pior — a preferida do governador —, tratava-se simplesmente de conivência com o crime por associação com o tráfico. Se fosse pouco, havia ainda a maledicência soprada por ventos palacianos de que os dois estariam tendo um "caso". Nessa campanha valia tudo, até uma mentira preconceituosa.

Somente ao escrever este capítulo para a primeira edição voltei ao assunto com João, que me fez um paciente e pormenorizado relato sobre o que de fato aconteceu, expondo suas razões e motivações.

A história começou em 1997, quando o cineasta preparava *Notícias de uma guerra particular*, um documentário definitivo sobre a violência no Rio. Para isso, procurou um contato com Márcio, então foragido em Belo Horizonte: queria, além de uma entrevista, que ele lhe franqueasse o acesso à favela para filmar o dia a dia dos "soldados" do tráfico.

Temeroso e embaraçado, porque era a primeira vez que se via diante de um traficante, João usou todas as paráfrases de que dispunha para não dizer a palavra que considerava ofensiva. Quando ridiculamente pronunciou "vocês da economia informal", foi interrompido pelo interlocutor: "Olha, pode me chamar de traficante, porque é o que eu sou". Contou então que aos dezesseis anos decidiu ser desenhista industrial, mas para isso precisava cursar a faculdade, e ele havia largado a escola no segundo ano primário.

> Aí pensei: o que me sobra? Ser o melhor trocador de uma linha de ônibus? É pouco. O melhor porteiro de Copacabana? Também pouco. O flanelinha mais extraordinário de Ipanema? Pouquíssimo. Então decidi ser bandido, e sou o melhor bandido que conheço. Quando tem uma guerra, eu saio na frente pra dar, e eventualmente tomar, o primeiro tiro. Nunca quis invadir outra comunidade. Sou traficante naquela em que nasci. Você tem que entender que no Rio não existe favela sem tráfico. Há sempre duas opções, somente duas e não três: o tráfico da própria comunidade ou o que vem de fora.

Esta última experiência ele já tinha vivido no Dona Marta.

> Quando isso acontece, a comunidade se aterroriza, porque os traficantes não jogaram pelada em frente à casa de dona Maria, não lhe pediram água pra beber e não vão respeitar sua filha que agora tem doze anos e, se for bonitinha, provavelmente vai ser violentada. Comigo, as pessoas podem sair de casa às três horas da madrugada que nada acontece com elas. Você vai filmar lá e vai ver.

Quando começou a ser rodado o documentário, Marcinho VP já estava de volta ao morro. No final, João lhe propôs a realização do curso. As aulas eram das nove às dez da noite, depois das quais eles costumavam ficar conversando na laje de cobertura do prédio onde eu fizera a entrevista com o bandido. João conta:

> Eu te confesso que toda vez que saía do Dona Marta, às duas da manhã, depois de uma conversa dessas, eu sentia que tinha alguma coisa positiva, um sintoma de saúde na cidade do Rio de Janeiro, que permitia que alguém como eu e alguém como ele tentássemos, através da palavra, através da conversa, convencer um ao outro. Era um diálogo impossível, e que no entanto estava acontecendo.
>
> Eu achava saudável poder dizer para um traficante com uma AR-15 na mão — e ele simplesmente tentar contra-argumentar — que enquanto defendesse suas ideias armado de um fuzil, tendo o poder de vida e de morte, enquanto ele fosse o dono das almas das pessoas do morro, ele não passava de um criminoso. Eu saía de lá imaginando que havia ali o exercício de uma boa tradição do Iluminismo, de pessoas que tentam através da inteligência e do argumento trazer o outro para mais perto de si, sabendo, é claro, do risco de ser convencido pelo outro. O que estava em jogo ali era a possibilidade da mudança: ele tentava me dissuadir, eu tentava dissuadi-lo. Durante algumas horas éramos dois cidadãos buscando vencer unicamente pela palavra e pela conversa. Isso era bom.

João acredita que se Márcio tivesse escrito o livro ele teria sido fundamental para entender a gênese de um processo que acontece todo dia: "Meninos que não são intrinsecamente perversos, que não nasceram com o coração no lado errado do peito", como diz, e que, no entanto, se tornam maus.

Por que isso acontece? A minha relação com o Márcio era baseada nesse mistério, na tentativa de entender e de eventualmente solucionar esse enigma. Me repugnaria a ideia de manter esse tipo de conversa com outros traficantes, que nunca conheci e, pelo que leio deles, são monstros, são sujeitos que se regozijam com a maldade, com a tortura.

Segundo João, em outro tipo de país Márcio provavelmente não teria optado por ser traficante.

Quero dizer isso deixando claro que foi uma opção que ele fez e, portanto, tinha responsabilidade por ela. Não é o discurso da vítima, ele tinha escolhas. O crime não é um desdobramento natural que flui automaticamente da pobreza. E é isso que me levou a querer entender a opção que fez.

O que o intrigava era a seguinte constatação:

Um sujeito inquestionavelmente inteligente, bem mais do que a média das pessoas, com liderança evidente, com óbvio carisma, aos dezesseis, dezessete anos de idade, diante do bem e do mal, opta conscientemente e de forma inequívoca pelo mal. O que eu gostaria de ter conseguido entender, e não sei se consegui, foi que parcela dessa opção se deve atribuir ao descalabro social deste país e qual se deve imputar ao Márcio. O que era responsabilidade dele e o que era fruto de um mecanismo perverso que, no Brasil, acaba moendo as pessoas, como dizia o Darcy Ribeiro, e jogando fora gente como o Márcio? De toda maneira, seja qual for a razão, é terrível constatar que, todos os dias, destruímos reservas imensas de criatividade e de inteligência.

Com um ano de convívio, a não ser que eu seja um ingênuo absoluto e ele tenha me enganado o tempo todo, concluí que ele não era um monstro. Não sentia prazer na crueldade, não tinha patologias evidentes. Sua vocação era para dar certo na vida, se o país fosse outro e o mal não se apresentasse como alternativa tão cedo e com tanta insistência.

Se tivesse nascido na zona sul, estudado no Santo Inácio, possivelmente seria uma liderança.

A obsessão de João, a sua angústia, era entender a gênese desse processo: "Por que alguém opta e por que, depois de um certo momento, chega à conclusão de que este é um beco sem saída, uma falácia?".

Por isso, quando afinal o chefe do tráfico do Dona Marta comunicou a João que tinha decidido mudar de vida e subir a América Latina em direção a Chiapas, ele achou que era uma ideia "ingênua e romântica", mas manteve a promessa. "Era um passo adiante. Entre uma viagem e um AR-15, a viagem é um avanço." Ao ter a confirmação de que Marcinho VP não estava mais no Brasil, João passou a enviar-lhe os R$ 1,2 mil prometidos.

Porém, as remessas duraram apenas quatro meses, porque, localizado pela reportagem do programa *Fantástico* em Buenos Aires, ele resolveu voltar ao Rio e acabou preso.

Durante os cerca de dois anos em que esteve na cadeia, Márcio escreveu muitas cartas a João, que o visitou pelo menos umas dez vezes. Eram conversas que duravam no máximo quinze minutos, num parlatório com vidro, ouvidas por outras pessoas. "A tônica desses encontros era a dificuldade que ele enfrentava para continuar resistindo, não voltar a ser traficante. Dizer para o companheiro de cela, traficante, que você não é mais bandido significa uma sentença de morte, quase um suicídio. Acho que durante muito tempo, senão quase o tempo todo, ele resistiu."

Segundo João, era uma tarefa quase impossível.

O drama do Márcio foi o drama da resistência à mudança: resistência nossa, de acreditar que isso é possível; resistência dele, de se livrar de uma identidade que de certa maneira o constituía, e que sempre o trazia de volta para o mesmo lugar (a mesma geografia, o mesmo discurso); e, finalmente, resistência dos bandidos, que não toleram a ideia de um traficante que não quer mais ser traficante, não por razões religiosas (geralmente aceitas), mas por razões da inteligência.

Numa das cartas da prisão, ele desabafa: "Você não tem ideia do que eu estou passando para manter a minha palavra e ficar longe do tráfico. Perdi amizades e companheiros, pois na hora em que eles mais precisaram de mim eu não lutei".

Nessa altura, a favela estava à beira de uma invasão e ele se eximiu, não deu ordens, deixando que a invasão acontecesse. De certa maneira, era uma traição. Ele se culpava: "Morrerão bons jovens e, se eu estivesse no comando, eles não morreriam. Muitos deles eu pus nessa vida e agora pulei fora".

João acreditava na sinceridade do personagem e de suas dúvidas. "Acredito e gosto de acreditar nisso. Me desagradaria a inclemência de não acreditar na possibilidade de alguém que, ao perceber que tomou um caminho maldito, decide não mais segui-lo."

João nunca deu dinheiro a Márcio VP na cadeia. Levava livros, mas não movido por "ideias civilizatórias". Ele pedia e comentava o que lia. "Era alimento e ele reagia ao que comia." De sua biblioteca no presídio constavam *Casa-grande e senzala*, de Gilberto Freyre, *Raízes do Brasil*, de Sérgio Buarque, *O povo brasileiro*, de Darcy

Ribeiro, contos de Machado de Assis, *A ditadura envergonhada*, de Elio Gaspari. Tinha predileção por três autores: Ítalo Calvino (leu primeiro *Barão nas árvores* e pediu os outros dois da trilogia *Os nossos antepassados*: *O cavaleiro inexistente* e *O visconde partido ao meio*), Augusto dos Anjos, que adorava, e Albert Camus (principalmente *O homem revoltado*), que gostava de citar.

Alguns desses volumes cobriam o corpo de Marcinho VP quando foi encontrado dentro de uma lata de lixo. Em cima, um cartaz de cartolina dava a medida do ressentimento dos que o mataram na prisão: "Bandido não lê, seu babaca".

Uma guerra particular

A notícia de que João Moreira Salles estava financiando o traficante Marcinho VP explodiu no dia 27 de fevereiro de 1997, um domingo, quando Merval Pereira, diretor de redação de *O Globo*, e Hugo Sukman, repórter, publicaram uma matéria que teve na primeira página o destaque de uma manchete: "Dona Marta, onde a cidade partida se encontra". Legendando as fotos de João, de Marcinho e de sua mãe, outros títulos: "Cineasta financia livro de traficante para tirá-lo do crime", "Mãe de Marcinho VP é ameaçada por traficantes e policiais". O bandido também apresentava sua "tese" social: "A comunidade precisa de um líder para que haja paz e tranquilidade. É necessário que essa pessoa exista, mesmo que fora da lei. É uma coisa tribal. O tráfico é o único caminho".

Na véspera, sabendo que *O Globo* ia dar o furo, o *Jornal Nacional* apressou-se em antecipá-lo com uma chamada para a matéria do dia seguinte. A reportagem completa, com a entrevista de João, produziu um choque na opinião pública. A reação do governo do Rio, imediata e orquestrada, consistiu numa operação retórica que procurava insinuar a descoberta de um poderoso elo na rede do narcotráfico. Não se dizia que os traficantes das favelas eram o rabo de uma cobra a que faltava a cabeça escondida no asfalto? Pois aí estava ela.

Garotinho queria fazer crer tê-la descoberto. "Não há diferença entre um banqueiro de bicho e um banqueiro de dinheiro no que diz respeito à lei", declarou, cometendo o que pretendia ser uma sutil analogia. "A política de segurança do governador não faz distinção entre bandido pobre e bandido rico." Garotinho insistia em não chamar João de documentarista, mas de "banqueiro" e a xingá-lo de "bandido", duas coisas que de fato ele não era.

Não se entendia por que João Moreira Salles, reservado, avesso à mídia, resolvera se expor tanto, revelando publicamente sua história com o traficante. É que ele descobrira que alguém, provavelmente da polícia, estava grampeando seus telefones. Com que intenção? Podia ser para chantageá-lo. Não era difícil calcular o quanto valeria uma história como aquela nas mãos de um policial corrupto.

Logo que soube disso, João procurou Rubem César Fernandes, seu amigo e coordenador da ONG Viva Rio, "uma espécie de bom conselheiro moral", e relatou o que estava acontecendo. A sugestão foi que ele procurasse o antropólogo Luiz Eduardo Soares, então coordenador setorial de Segurança do Estado do Rio e seu amigo, para quem Rubem ligou, marcando um encontro imediato. "Por volta das 11h30 da noite", relembra João, "cheguei à casa de Luiz Eduardo e contei toda a história para ele."

Mais tarde, Luiz Eduardo descreveria em seu livro *Meu casaco de general* esse encontro: "Eu disse ao João que ele tinha toda razão, que a hipótese de chantagem não deveria ser descartada e que ele tinha feito muito bem em me procurar". Como autoridade policial, esclareceu, continuaria tentando prender Márcio, mas isso não o impedia de "reconhecer e saudar a generosidade" do gesto.

Luiz Eduardo e João, que se tornaram amigos a partir de então, tinham em comum, além de uma rara integridade de caráter, uma boa-fé e uma inocência que chegaram a ser confundidas com ingenuidade. Não desconfiavam do que os aguardava. Livraram-se da chantagem, mas iriam cair numa armadilha que custaria o cargo ao primeiro e arranharia a imagem do segundo.

Convicto de que não havia ato ilícito no caso, Luiz Eduardo propôs que procurassem o secretário de Segurança, coronel Josias Quintal, a quem ele estava subordinado, e lhe contassem a história. "A reação do secretário não poderia ter sido mais simpática e positiva", escreveu Luiz Eduardo. Ele não via nenhum problema legal no pagamento que João fizera ao bandido e prometeu ficar atento contra uma eventual manipulação dos fatos.

João saiu do encontro convencido de que Luiz Eduardo e Rubem tinham razão e que ele, rompendo a barreira de recato e timidez, deveria dar uma entrevista. Mesmo assim isso só aconteceu três meses depois, em março, quando começaram a surgir sinais de que a história tinha vazado. O telefonema definitivo foi de Hugo Sukman, informando que a notícia já corria na redação de *O Dia*, por exemplo.

"Eu devo muito ao Merval, porque a entrevista saiu no Caderno de Cultura e não nas páginas policiais, e acho que o Hugo foi muito cuidadoso", observa João, que, no entanto, achou "incorreta" a primeira página. "Pegaram a foto de um bandido qualquer com cintos cheios de balas e colaram o rosto de Márcio, que mais uma vez não conseguia livrar-se do estereótipo."

O circo armado por Garotinho depois dessa matéria me levou a escrever o artigo "O inimigo público número 1", que começava assim:

> Com as enérgicas providências tomadas pelas autoridades estaduais nesses últimos dias, o Rio deve entrar numa fase de grande tran-

quilidade: encontrará enfim a paz social. Se as ações concentradas da Polícia, do Ministério Público e do governador tiverem êxito, é provável até, quem sabe, que se consiga colocar entre as grades o suspeito número 1 da cidade: o documentarista João Moreira Salles, sucessor de Marcinho VP na preocupação das autoridades. Aí vamos todos dormir sossegados.

Entre um depoimento e outro, o documentarista ainda teve que arranjar tempo para comparecer à CPI do Narcotráfico, cuja convocação era assinada pelo deputado Wanderley Martins. Sub-relator da comissão, esse parlamentar tinha, como escrevi na época, "a moral de quem responde a quatro inquéritos no Supremo Tribunal Federal e está sendo investigado por suspeitas de ter recebido dinheiro de Elias Kanaan, acusado de tráfico de armas".

João nunca pretendeu que lhe dessem razão por uma atitude tão polêmica. Só não esperava tantos golpes baixos. Para mostrar como era vã a tentativa de recuperação empreendida pelo documentarista, o governador não teve pudor em atribuir ao Marcinho VP (Márcio Amaro de Oliveira) da Favela Santa Marta uma série de crimes hediondos cuja autoria era do Marcinho VP original (Márcio Nepomuceno dos Santos), gerente do tráfico no Complexo do Alemão e muito mais perigoso do que o homônimo.

Como coadjuvante nessa cruzada, Garotinho dispunha de seu secretário de Segurança, aquele mesmo que não vira qualquer ilegalidade na história que João lhe contara. Agora, negava ter ouvido o que ouviu e agia contra o subordinado imediato tentando afastá-lo do governo, o que acabou acontecendo. Num gesto inédito, Garotinho demitiu Luiz Eduardo pela televisão e ainda exibiu no ar trechos de uma conversa entre os dois que ele gravara clandestinamente. A razão alegada era o episódio João-Marcinho

VP. Na verdade, a causa foi a denúncia de Luiz Eduardo de que havia uma "banda podre" na cúpula da polícia do Rio de Janeiro.

Finalmente, em junho de 2000, o I Juizado Especial Criminal determinou, por meio de acordo, que João Moreira Salles pagasse uma multa de R$ 7,4 mil, metade das custas do processo e, por sugestão do próprio réu, prestasse serviços comunitários. Durante um mês, ele deu aulas de documentário para jovens da favela Pavão-Pavãozinho. O que para ele não era novidade.

O último gesto de coragem de João Salles no episódio foi comparecer, no dia 19 de julho de 2003, ao enterro de Márcio Amaro de Oliveira, assassinado por asfixia dentro do presídio Bangu 3 — ao que se disse, por "falar demais".

Quatro Antônios geniais

No dia 8 de fevereiro de 1993, o cineasta Dodô Brandão reuniu quatro Antônios — Houaiss, então com 78 anos, Callado, 76, Candido, 75, e Tom, 67 — para uma conversa descontraída sobre o século XX, com direito a um *fettuccine* preparado por Houaiss, exímio cozinheiro. Do encontro resultou o documentário *3 Antônios & um Jobim*, do qual participei, olha o privilégio, como entrevistador.

Assim os apresentei: "Cada um deles sozinho já é um livro. Juntos, são uma enciclopédia. Brilhantes, gaiatos, eruditos, esses quatro Antônios são verbetes feitos de superlativos. Tom é um dos compositores mais tocados no mundo. Houaiss é o maior filólogo do Brasil, Callado é um de nossos melhores romancistas, e Candido é a única unanimidade inteligente do país".

Entrevistá-los para o vídeo foi uma divertida tarefa, inclusive porque minha presença acabou sendo um mero pretexto. Os quatro dispensaram ajuda. Quando aceitei a incumbência, temia parecer que pudesse estar pegando carona num grupo em que, até na ordem alfabética, eu era o último disparado. Só aceitei com a condição de não figurar no filme.

No começo, o roteirista Bebeto Abranches, o diretor Dodô e eu estávamos cheios de apreensão. Munidos do dossiê dos quatro, nos reunimos algumas vezes para traçar a estratégia. Tínhamos vários temores: e se o papo não engrenar? E se todos falarem ao mesmo tempo ou, o que seria pior, se não se entrosarem? E se houver disputa de egos? Afinal, eram quatro estrelas.

No primeiro dia de filmagem, fomos para o Museu da Chácara do Céu, em Santa Teresa, sabendo da vida de cada um deles mais do que das nossas. Cabia a mim, se o papo mixasse, animar a roda — introduzindo um tema, lembrando um episódio, provocando uma discussão. No final, se algum trabalho tive, foi justamente o trabalho contrário, o de botar ordem na rebeldia dos quatro quando, em permanente processo de regressão lúcida, viravam crianças e se insubordinavam à direção. Digamos que funcionei um pouco como a colher do *fettuccine* do Houaiss, mexendo para não deixar o prato passar do ponto.

Já na primeira sequência, nossos temores foram desfeitos. Os quatro iriam se revelar atores impecáveis. O script dessa cena previa tudo rigorosamente. Houaiss, o primeiro a chegar, ficaria na cozinha preparando o almoço. Callado e Tom chegariam em carros separados, mas ao mesmo tempo. O diretor queria que eles descessem e se encontrassem "por acaso". Foi perfeito. Como sabiam, claro, que iriam se encontrar, mas não sabiam que chegariam exatamente ao mesmo tempo, a reação de surpresa foi muito natural.

Em seguida, os dois subiriam a pequena ladeira da Chácara e entrariam na cozinha, onde surpreenderiam Houaiss com a mão na massa. Aí houve um problema técnico com a câmera, e o cinegrafista exigiu a repetição da cena. Achei que eles jamais reviveriam com a mesma naturalidade o que acabara de ser filmado. Não é fácil para quem não é do ramo repetir fala, gesto, emoção diante de câmeras e refletores.

Eu não sabia que os três eram do ramo. A segunda versão ficou melhor do que a primeira. O clímax de toda essa sequência, porém, viria a seguir: os três subiriam ao andar superior e abririam uma porta, atrás da qual estaria chegando por acaso o Antônio que faltava.

"Gente, quanto Antônio junto!" Quando Candido acabou essa frase, encenando com perfeição o seu espanto, havia duas pessoas felizes naquele museu: o próprio ator, que ficou convencido de estar começando ali uma carreira cinematográfica aos 75 anos, e o diretor, que acabava de adquirir a certeza de ter em suas mãos quatro grandes intérpretes.

Restava saber como eles se portariam dali para frente, agora que tinham revelado os seus talentos. Eles se conheciam, mas nunca tinham se reunido, os quatro, para um papo assim, de horas. Naquele momento, não havia mais o temor de que fosse faltar assunto, mas, sim, uma vaga apreensão de que pudesse sobrar — principalmente quando pintou o chope.

Até ali estavam todos muito bem-comportados, mesmo o Tom. Já tinham passado pela biblioteca, já tinham feito o tour diante dos Picasso, Dali, Monet, e mostrado sua universalidade. Suspeita-se que aqueles tesouros nunca tivessem sido objeto de olhares tão sensíveis e comentários tão originais. Naquela calorenta manhã de fevereiro, Raymundo Castro Maya, lá em cima, deve ter achado que só por isso valeu a pena o seu audacioso investimento, o seu museu.

O chope pintou quando os quatro já estavam sentados na biblioteca. Antes de se ver a bebida, viu-se Tom levantar-se de repente e dizer: "Ivan, você aqui?". Ivan era o garçom que acabava de entrar, carregando uma bandeja com copos cheios do precioso líquido. Quando, além da exclamação, Tom sapecou-lhe um beijo na testa, achei que ia assistir a um daqueles clássicos clichês cinematográficos: o garçom, emocionado, deixaria a bandeja cair no chão.

Candido ainda não havia pronunciado sua famosa definição — "os quatro gaiatos", comentaria ele mais tarde, já em São Paulo —, mas os motivos já estavam ali. O chope apenas ajudou a liberar. Quem estava por trás das câmeras teve logo a certeza de que aqueles quatro Antônios iriam expulsar seus antônimos: a tristeza, a burrice e o mau humor. O perigo agora era o diretor ser dirigido pelos atores.

Quando tiveram que passar para a mesa do lado de fora, debaixo de uma centenária mangueira — mudando de paisagem, de clima e de bebida, do chope para o vinho —, os quatro não deixaram de levar a alegria lá de dentro. A senha para isso foi um aviso de Houaiss ao apresentar o *fettuccine*: "Se vocês não gostarem, eu me suicido".

Muita coisa, além da massa, foi servida nesse almoço, mas cada prato vinha com o molho infalível: uma mistura de inteligência e humor. Falou-se de Brasil e falou-se do mundo, de mulheres e poesia. E Candido, imaginem, cantou trechos da balada feita por Vinicius de Moraes: "Meu amigo Pedro Nava/ Em que navio embarcou?/ A bordo do *Westphalia*/ ou a bordo do *Lidador*?// [...] Em que brahmas, em que brumas,/ Pedro Nava se afogou?".

Foi ele também quem melhor definiu o grupo:

"Acho que uma coisa simpática de todos nós, modéstia à parte, é que somos pessoas com muito senso de humor. Eu costumo dizer que uma das coisas trágicas do Brasil de hoje é a falta do verdadeiro riso. Essas vanguardas literárias modernas brasileiras são seriíssimas, são trombudíssimas. Parece religião, compreende?"

Quando um urubu macho resolveu sobrevoar o grupo, saindo praticamente de uma canção do Tom, achei demais, mas Dodô e Bebeto garantem até hoje que não houve armação.

Não é em qualquer lugar do mundo que se pode convidar para a mesma mesa três Antônios e um Jobim, isto é, quase três séculos de quatro Antônios geniais.

"Nóis num tá aqui por boniteza"

Ela se chamava Socorro — Maria do Socorro Lira Feitosa. É possível que o ex-presidente Lula se lembre dela, apesar de passado tanto tempo do acontecido. Quem a conheceu não se esquece. Ela tinha 32 anos, nove filhos, a cor de uma índia e a bravura de uma mãe coragem. Já havíamos descido a serra de Garanhuns e estávamos no trevo que leva da BR-423 a Águas Belas, quando ela apareceu.

Com outros colegas, cobríamos a primeira Caravana da Cidadania, de Lula, uma das experiências profissionais mais marcantes para todos nós, acredito. No total, foram sete caravanas, que percorreram 267 cidades do interior (mais tarde, de 1994 a 2001, houve outras dez expedições a 120 cidades). A nossa demorou 24 dias e passou por 54 lugares e lugarejos. Sem fazer comícios, até porque ainda não era candidato oficial, ouvindo mais do que falando, Lula pôde travar um inédito corpo a corpo com um país miserável e esquecido. Poucos políticos desceram tão a fundo no Brasil real. Essa "Viagem ao coração do Brasil", como foi chamada, talvez explicasse o anúncio de que a "guerra contra a miséria" seria a prioridade de seu governo.

De repente, nossos dois ônibus foram parados por um grupo de pessoas numa elevação, diante de um cruzeiro, e assistimos à cena. Um palanque havia sido improvisado com a ajuda do carro de som da caravana, e do alto-falante saía uma voz feminina com uma determinação incomum: "Nóis num tá aqui por boniteza. Nóis tá por precisão. A gente tamus passando fome".

Na época, abril de 1993, escrevi:

O vocabulário era de subsistência, como a vegetação daqui, onde nada é desperdiçado. A gramática era estropiada como a roupa que a oradora usava. A semântica era às vezes tão difícil quanto o sentido dessas vidas. Mas aquele discurso — aquele começo de fala principalmente, introduzindo um toque inesperado de agressiva ironia — foi um choque.

Em poucos minutos, Socorro resumiu sua história. Quando soube que a "Caravana do Lula" ia passar, ela resolveu reunir mais de cem companheiros e formou sua própria *caravana*. Às onze horas da noite anterior, começaram a descer os 48 quilômetros de serra. Juntaram folhas de palma, um resto de farinha, alguns tocos de vela e se puseram na estrada, "recebendo o relento da noite", como ela disse, parecendo uma personagem saída de *Morte e vida severina*, de João Cabral.

Eram dez da manhã quando uma senhora, sob o efeito da fome e do sol, desmaiou. Socorro segurava o microfone pela primeira vez e exigia mais vagas nas frentes de trabalho, comida imediata e um caminhão para conduzi-los de volta: "Nóis num vorta a pés". Tendo que seguir viagem, Lula deixou uma comissão chefiada pelo senador Eduardo Suplicy para acompanhar a líder dos famélicos da terra até a prefeitura, onde apresentaria suas exigências. Foram negociações tensas, porque na região estavam ocorrendo muitos saques a lojas e feiras livres. O prefeito reclamou da insuficiência de recursos, da dimensão da miséria e alegou que as coisas não podiam ser resolvidas de uma hora para outra. Foi então que ouvi pela primeira vez uma frase muito comum hoje: "A gente temus pressa", disse-lhe Socorro, "porque quem tem fome tem pressa".

Quem acabou resolvendo o impasse foi Suplicy, tirando dinheiro do bolso e exigindo que todos os presentes, inclusive o prefeito e os secretários, fizessem o mesmo. Com isso, compraram trezentos pães e alugaram um caminhão. Quando Socorro voltou ao trevo para anunciar que tinha conseguido condução e comida, o grupo inicial havia dobrado: agora eram cerca de duzentos famintos debaixo de um sol inclemente de quase meio-dia.

Eu nunca tinha visto tantas pessoas juntas com fome. Num país onde há 40 milhões de indigentes, não é difícil encontrar crianças e adultos nas ruas das cidades sem ter o que comer: há sempre um na esquina pedindo esmola ou um prato de comida. Dando um real aqui, um sanduíche ali, temos a sensação de que resolvemos o problema, pelo menos o de nossa consciência culpada. O que havia de novo e assustador naquela situação era a quantidade de famintos. Como saciar aquela fome endêmica?

Por várias vezes, Lula declarou o quanto essas caravanas foram importantes para o seu aprendizado de Brasil. Chegou a dizer que elas são a universidade que ele não frequentou. Um geógrafo, o professor Aziz Ab'Saber, que acompanhou quase todas as viagens, considerou também a experiência como o melhor diploma que um candidato a presidente poderia obter.

Pelo impacto que o "episódio do trevo" causou então em Lula, acho que a principal lição desse curso supletivo ele aprendeu com Maria do Socorro, cujo destino não se sabe qual foi. Mas ele teve a consciência de que o país então o elegeu não por boniteza, mas por precisão.

O darcisismo

Conheci Darcy Ribeiro na véspera do dia em que os militares acreditavam que ele ia morrer. Foi em 1974, e tinha sido lançada a edição especial da revista *Visão* sobre os dez anos do golpe militar — a tal que trazia a carta do Glauber chamando antípodas como Golbery e Darcy de gênios da raça.

Foi um número difícil que exigiu muita cautela, muitos eufemismos e circunlóquios. Qualquer deslize levaria a uma apreensão da revista. Alguma coisa começava a mudar — eram os tempos da distensão de Geisel —, mas ainda estávamos longe da abertura. Basta dizer que, um ano depois, Wladimir Herzog, o editor de Cultura da revista, foi assassinado nas dependências do DOI-Codi de São Paulo.

Mesmo com medo, ousáramos publicar uma pequena foto de Darcy. Ele percebeu o esforço, adorou a homenagem e quis me agradecer pessoalmente. Não parecia que no dia seguinte ia entrar na faca. Falou de mulheres, contou histórias, riu e gozou a doença: "Os militares acham que vou morrer, ha, ha ha. Câncer a gente raspa". Dizia-se que ele não suportaria a operação de retirada de parte do pulmão — e só por isso o governo permitiu que ele voltasse de Lima, onde estava exilado, depois de Montevidéu e Santiago do Chile.

Vinte anos depois, na Feira do Livro de Frankfurt, ouvi Darcy tentando seduzir a linda alemãzinha que lhe servia de intérprete. Era a noite do encerramento e a delegação brasileira estava bebendo em torno de uma grande mesa. Num canto, Darcy passava uma estranha cantada: "Bárbara, vem comigo para o Brasil. Em breve você será a viúva de Darcy Ribeiro, já imaginou?".

O Brasil era o país tema da Feira de 1994, e Darcy, que além do mais era senador da República na época, brilhara com seus repentes de inteligência e humor. No debate, interrompeu a exposição de um colega alemão para exigir mais tempo para si: "Ele está falando muita bobagem. De Brasil entendo eu".

Em seguida, calou uma denúncia de genocídio de índios entre nós: "Acho que a Alemanha não é o melhor lugar para se falar de genocídio". Depois, contou que os índios brasileiros se negaram três vezes a comer o alemão Von Staden porque ele era "um cagão" e os nossos antropófagos só devoravam os corajosos. Entre espantada e divertida, a plateia teve que ouvir ainda que a Velha Europa estava "cansada e brocha": tudo o que de bom havia lá viera do Mundo Novo.

No dia seguinte, viajamos no mesmo trem para Paris, mas em vagões separados. Eu e minha mulher descemos e caminhávamos pela gare, quando encontramos Darcy meio caído, vomitando, agarrado a um poste. Tinha passado mal na viagem e alguém o colocara ali. Por sorte, estávamos no último carro e pudemos socorrê-lo.

Minha mulher e outros companheiros de viagem seguiram então para o hotel em que íamos ficar, enquanto eu levei Darcy para o seu, em Saint-Germain-des-Prés. Chegando, chamei com urgência um médico, que logo constatou a gravidade do caso. A pressão era de 21 por dez. "Ele já entrou na zona vermelha", disse o doutor. "Se chegar a 22, corre o risco de um acidente vascular. É preciso sossegá-lo, é preciso fazê-lo calar."

Sim, porque Darcy, para variar, não parava de falar. A pressão o excitava mais ainda. Contava uma daquelas suas irresistíveis e infindáveis histórias. Expliquei ao médico que calar aquele paciente era impossível. Nem os militares haviam conseguido. Depois de uma série de recomendações, ele preparou uma receita e pediu que eu fosse imediatamente comprar os remédios. Fui correndo e não tive dificuldade de encontrá-los na segunda farmácia em que entrei. Paguei, saí e só então me dei conta de que havia esquecido o nome do hotel — o nome e a rua. Voltei à farmácia para perguntar, mas perguntar o quê, se não tinha a menor pista?

Resolvi tentar nos hotéis que ia encontrando, mas os porteiros me faziam as perguntas que, se eu soubesse respondê-las, não precisaria perguntar: "Onde fica?", "Qual o nome?". O tempo ia passando e minha aflição aumentando: Darcy precisava daquela medicação com urgência e eu não conseguia chegar lá. Na terceira ou quarta tentativa, um porteiro mais simpático disse que tinha uma lista dos hotéis do bairro por categoria. Se pelo menos eu soubesse o número de estrelas, isso ajudaria. Aí me lembrei que sabia, sim, pois estranhara o fato de ver um senador da República hospedar-se num hotel duas estrelas.

Consultando a lista, olhando nome por nome, acabei identificando o que procurava. Esbaforido, subi a pé dois andares e encontrei Darcy impaciente — menos pelos remédios e mais por ter ficado sem conversar. Conversou até apagar.

No dia seguinte, quando o médico ligou para saber notícias e informei que o paciente continuava falando sem parar, ele o chamou de "louco", dando um daqueles muxoxos bem franceses: "*C'est fou, ce Brésilien!*".

Isso não podia ser considerado um diagnóstico, evidentemente, mas às vezes Darcy parecia de fato meio louco. Ele morreu três anos depois, mas mesmo quando a metástase tomou-lhe o corpo não se apegou à mística do martírio; recusou-se sempre a ser trágico; foi épico. Um dia, já mal, arrancou os fios das máquinas que o ajudavam a viver e fugiu do hospital.

Educador, Darcy tentou ensinar o Brasil, tão rejeitado e carente de amor-próprio e autoestima, a abandonar a humildade e a assumir o *darcisismo*: a ser autoconfiante, orgulhoso, egocêntrico, a ser como ele mesmo, Darcy, que gostava de se confundir com o Brasil e ser sua encarnação e metáfora.

Na verdade, o autor de *O povo brasileiro* não tinha apenas ideias; ele era uma ideia — uma atrevida e generosa ideia de país, que, em tempos de cinismo pós-moderno, há quem ache que é uma ideia fora de lugar, ou de tempo. Os valores que encarna — a generosidade, a doação, a entrega, o voluntarismo — passaram de moda. Ele era tido como um daqueles visionários cheios de impaciência com a realidade.

"Somei mais fracassos que vitórias em minhas lutas", ele mesmo dizia. Mas achava preferível assim. Como suas causas foram a salvação dos índios, a escolarização das crianças, o socialismo em liberdade e a universidade necessária, "horrível seria ter ficado ao lado dos que nos venceram nessas batalhas". Por isso, quando recebeu o título de doutor honoris causa, da Sorbonne, avisou que só aceitava por suas "derrotas".

Ele talvez tenha sido a mais original resistência ao pensamento único, como representante da "tradição iracunda do pensamento brasileiro", que começa com Gregório de Matos, passa pelo padre Vieira, por frei Caneca, Tobias Barreto, Manoel Bomfim, Glauber Rocha e chega a ele, inventor da categoria.

Darcy era indispensável como consciência crítica, sobretudo porque seu pensamento não forma uma doutrina, um dogma. Tratava-se de uma inteligência rebelde, anárquica e autônoma, que por um lado não se sujeitava a qualquer colonização e por outro não defendia a estreiteza sectária. Nunca se surpreendeu nele qualquer fundamentalismo ideológico. O seu lema era o de Anísio Teixeira, seu guru: "Não tenho compromisso com minhas ideias, busco a verdade".

Embora fosse o nosso antropólogo mais importante, não se devia considerá-lo ao pé da letra como cientista social. A liberdade que mantinha com as disciplinas acadêmicas fazia com que estivesse mais para a poética e a ética do que para a ciência e a história. O seu ideário às vezes se confundia com o seu imaginário. Era mais obra de arte do que tratado.

Todo o esforço teórico de Darcy foi no sentido de responder a uma pergunta: por que o Brasil não deu certo? Sempre achou que as explicações eurocêntricas nunca deram conta da complexidade de nossa formação, daí por que não aderiu ao marxismo, ainda que tivesse recorrido a Marx e Engels.

Insatisfeito com as respostas dos outros, passou a buscar as suas e, nessa busca, misturou vida e obra, teoria e prática, objeto e sujeito. Mergulhou em nossas raízes históricas e mergulhou literalmente nas aldeias indígenas durante dez anos para transformá-los nos "mais belos que vivi". Das paixões de "todos os proscritos", que alimentam o seu tom candente, o das "ínvias gentes índias" era o que mais o exaltava (com exceção da paixão pelas mulheres, claro, já que Darcy era homem de muitos amores. Convalescendo da operação, ele conseguia corromper os guardas para, como confessou, "ir ao encontro de minhas namoradinhas"). "Não tê-los salvos [os índios] é a dor que mais me dói."

Na história da nossa colonização, Darcy foi buscar muitas das teses e hipóteses que informam sua teoria de Brasil, um país que, segundo ele, foi concebido como "subproduto de um empreendimento colonial cujo propósito era gerar 'produtos exportáveis'". O defeito desse projeto era, segundo ele, "querer uma nação sem povo, só com mão de obra". Nesse "moinho de moer gente", o colonizador criou uma brava gente para "adoçar a boca do europeu com açúcar, enriquecê-lo com ouro e melhorar sua vida com café".

Um certo rigor *científico* costuma catar nas ideias de Darcy condescendência para com os proscritos. O seu pensamento conteria mais generosidade e ingenuidade do que verdade. A sua visão do índio, por exemplo, estaria contaminada por uma boa dose de romantismo rousseauniano: a bondade original, a inocência primitiva, a liberdade natural. Se sua vivência entre os cadiuéus, os terenas, os caiouás, os urubus e os bororos não resultou numa suma antropológica irreparável, produziu pelo menos uma das mais líricas, edênicas e poéticas visões do paraíso perdido.

Autor de uns quarenta livros, criador da Universidade de Brasília, inventor dos Cieps e do Sambódromo, ele não gostava de nossas classes dirigentes. Se em Rousseau quem corrompe o homem natural é a sociedade, em Darcy os corruptores têm um nome: a elite, que não é poupada. Ontem, ele acusava, ela olhava o pobre "como o carvão que se queima". Hoje, manda o policial subir as favelas com a mesma atitude brutal do caçador de escravos. O último país do Novo Mundo a acabar com a escravidão é hoje o pior em educação. Com um sopro poderoso de indignação e revolta, ele vergastava nossas classes dirigentes sem discutir mesmo se seria assim tão inocente um povo que engendra tal elite.

O enterro de Darcy Ribeiro no cemitério São João Batista, no Rio, no dia 18 de fevereiro de 1997, foi como ele quis, glauberiano, formidável, miscigenado e sincrético, misturando brancos e negros, credos e crenças, várias bandeiras, Bach e hinos patrióticos. Nunca se viu um funeral tão festivo e divertido. Uma de suas "viúvas" confessou: "Destampei o caixão, acariciei o seu rosto e lhe disse uma série de obscenidades, como ele gostava". Escrevi no *Jornal do Brasil* um artigo que terminava assim:

> Foi o nosso mais encantador contraponto, o mais charmoso contracanto, o mais amoroso contrapeso. O darcisista Darcy Ribeiro foi não só o homem mais inteligente do Brasil, mas o mais bonito, para usar o elogio de que mais gostava e que ele mesmo se fazia.

Drummond, um homem qualquer

Abro o Especial sobre Carlos Drummond de Andrade no site da revista *Veja* e encontro como primeira matéria uma entrevista com o título "Eu fui um homem qualquer" e com o seguinte subtítulo: "Na primeira entrevista longa que dá a um jornalista, o consagrado poeta conta casos e diz que não crê muito na validade de sua obra!". A publicação é de 19 de novembro de 1980 e o autor da entrevista é este aqui que vos fala.

A história desse trabalho, cujo mérito, se houver, não é meu, mas da sorte, continua um mistério na minha carreira. Três anos depois de completar 75 anos, em 1977, quando resistiu bravamente a um cerco implacável da imprensa, o poeta resolveu falar e me mandou um recado pela divulgadora da editora José Olympio. Eu era chefe da sucursal de *Veja* no Rio, e trotes como esse costumavam ocorrer. Colegas ligavam dizendo, por exemplo, que Rubem Fonseca estava a fim de dar uma entrevista ou que Brigitte Bardot se encontrava incógnita em Búzios à espera de um repórter da revista.

Por isso, ouvi o primeiro telefonema, disse "Sim, tá bem, acredito", e praticamente desliguei na cara da moça. No dia seguinte, à mesma hora, a mesma ligação. Dessa vez, porém, não bati o telefone. Como era um pouco antes do almoço, resolvi dar uma passada na editora, se bem que ainda desconfiado, ainda meio que me dizendo "Será que não é trote?".

Ao chegar, Drummond estava lá, tímido, todo sem jeito, mais do que eu, desculpando-se, imaginem, por me ter chamado e anunciando que gostaria de dar uma entrevista, evidentemente se eu quisesse. Não disse o porquê — nem ali nem depois na gravação — daquela surpreendente mudança de atitude. Mais do que depressa marquei para o dia seguinte cedo, ali na editora.

Só não sabia que, quase mais difícil do que realizar a entrevista, seria "vendê-la" à sede em São Paulo. A primeira dificuldade foi convencer o diretor de redação da época de que aquele poeta valia um destaque. "Quantos livros ele vende?", foi a primeira pergunta. Respondi que não era muito, devia ser uns 5 mil exemplares, mas que ele era o maior poeta do Brasil. "Que que adianta ser o maior poeta e vender cinco mil exemplares?" Esse diálogo — hoje parece inacreditável — continuou, mas diante da insistência me foi concedido um crédito: "Então faz, mas sem compromisso de publicação, a gente vê depois".

Feita a entrevista, outra trabalhosa negociação: as "amarelas" ocupavam sempre três páginas e eu reivindicava mais uma, alegando que a entrevista, além de exclusiva, era longa e reveladora. Foi preciso um forte pistolão para convencer o diretor. Perdi, no entanto, na edição. Drummond gostava que o chamassem de "você" e a *Veja* não admitia esse tratamento em entrevistas. Assim, em todas as perguntas aparece um "senhor" que não houve na conversa. O pior é que a descontração e a irreverência da entrevista desapareceram na edição. Por exemplo: havia uma pergunta assim:

"Oscar Niemeyer costuma dizer que você é um grande come-quieto."

Foi publicado assim, perdendo a graça:

"Oscar Niemeyer diz que o senhor foi um grande namorador do Rio."

Em compensação, a revista manteve uma resposta que era uma crítica a ela. Eu perguntei se ele ficara muito abalado com a morte de Vinicius de Moraes, ele respondeu que sim, mas não da maneira como fora mostrado: "A *Veja* me mostrou de barba por fazer, dizendo que, abatido, eu tinha deixado a barba crescer". Na verdade, ele a deixara crescer por causa de uma crise de herpes.

Nas duas respostas finais, Drummond faz um balanço de sua obra e de sua vida:

> Acho minha obra uma obra falha, uma obra que podia ser melhor. Ela não teve um desenvolvimento assim consciente, lógico. Fui levado pela intuição e pelo instinto, pelas emoções do momento. Não creio muito na validade dessa obra [...]. Daqui a cinco ou dez anos, terei desaparecido e virão novos poetas, novas formas de poesia, novos critérios, novas tendências. Amanhã ou depois, daqui a cinquenta anos, um sujeito diz: "Olha, descobrimos um poeta chamado Drummond, que tinha uma pedra no meio do caminho. Que coisa curiosa". Ou "que coisa chata".

Minha última pergunta tal como saiu foi: "Quer dizer que o 'anjo torto' tinha razão: o senhor foi *gauche* na vida?".

Resposta:

> Acho que fui. Porque não aderi ao sistema de valores que dominava na minha época, participei timidamente de um movimento de renovação literária, que não chegou a ser política, nem social, nem econômica. Fiquei na minha toca. Não tenho nada de especial, não. Foi uma vida medíocre. Me deu o prazer de algumas amizades, algumas coisas boas. Eu fui um homem qualquer. Mais nada.

Os comandantes de Cuba

O escritor José Rubem Fonseca era uma celebridade das letras nacionais que não gostava de aparecer nem de dar entrevista — nunca deu. Pelo menos no Brasil. Permitiu-se algumas exceções, mas que não valem. Nos anos 1970, por exemplo, chegou a participar de uma mesa-redonda com sua colega de ofício Nélida Piñon e comigo na revista *Visão*, mas só falou de teatro, que era o tema em debate, nenhuma palavra sobre si mesmo.

Em 1987, eu estava na redação do suplemento Ideias, do *Jornal do Brasil*, quando a secretária veio me dizer que havia alguém no telefone querendo falar comigo. "Pergunta quem é e o que quer." Ela voltou com a resposta: "Ele se chama Geneton Moraes Neto e diz que tem uma entrevista exclusiva com Rubem Fonseca". Pensei que fosse um daqueles trotes que colegas costumam passar: primeiro porque ninguém se chama Geneton, ainda mais pela terceira vez (pai, filho e neto?), e depois porque Rubem Fonseca não dá entrevista. Não atendi.

No dia seguinte, a mesma coisa. Mas aí me lembrei de uma cena ocorrida sete anos antes na *Veja*, quando entrevistei o poeta Carlos Drummond de Andrade, como narro no capítulo anterior.

Por isso, na segunda vez, resolvi atender o tal Geneton, que me contou a seguinte história: de passagem por Paris, ele soube por acaso que Rubem Fonseca ia participar de uma mesa-redonda no Beaubourg com Cacá Diegues e o escritor João Ubaldo Ribeiro. Pegou o gravador e foi para lá. "A imagem que eu tinha — um escritor inacessível que queria léguas de distância de jornalistas — ruiu em dez segundos: o que encontrei nos bastidores, momentos antes da mesa-redonda, foi um homem afável, bem-humorado, brincalhão." Diante da insistência de Geneton por uma entrevista, Rubem terminou sugerindo: "Por que você não grava o que eu vou falar?".

No sábado seguinte, eu publicava a matéria na capa do Caderno Ideias com a manchete "José Rubem Fonseca fala", e uma chamada:

O escritor mineiro José Rubem Fonseca, 62 anos, enfim rompeu seu silêncio no último dia 3 de junho, em Paris. Diante de um auditório superlotado, Rubem contrariou a lenda e falou desbragadamente sobre sua infância e a paixão pelo cinema — iniciada em Juiz de Fora, quando sua babá ia ver o namorado, lanterninha da única sala de projeção da cidade.

Algumas afirmações do escritor gravadas pelo repórter:

Sou um cinéfilo que foi condenado a escrever. Uma vez, Arnaldo Jabor me disse: "Eu queria ser um romancista". E eu: "Vamos trocar?". O que eu queria ser era cineasta.

As pessoas me dizem assim lá no Brasil: "Ouvi dizer que você lê um livro por dia!". É verdade. Mas vejo três filmes por dia! Tenho videocassete. Vejo um filme atrás do outro.

Como romancista, sei que o romance cedeu o lugar ao cinema como manifestação artístico-cultural de massa.

Esse Rubem Fonseca desinibido e até meio exibido que surpreendeu Geneton em Paris fez o mesmo comigo em Cuba, em 1995, quando, durante um mês, participamos do júri do prêmio Casa das Américas — a instituição cultural oficial cubana — e ele liderou o corpo de dezessete jurados latino-americanos sem sequer falar portunhol. Brilhou tanto em Havana que passou a ser chamado de "comandante Fonseca" e provocou uma cena inédita no palácio presidencial.

"Comandante, este é o comandante Fonseca", disse o apresentador.

"Já ouvi falar dele", disse o verdadeiro Comandante, chamando o fotógrafo oficial para tirar uma foto com o visitante.

Era uma rara vez em que Fidel Castro pedia para tirar foto com um convidado; o contrário é que era a norma.

A leitura que fez de dois contos para uma plateia de umas cem pessoas foi outra surpresa. Eu não acreditava no que via: com o livro numa das mãos e o microfone na outra, ele andava de um lado para o outro interpretando como um ator. Com um detalhe: um texto era tão violento quanto o outro, erótico.

Difícil convencer os cubanos de que aquele personagem extrovertido não tinha nada a ver com o Rubem que o Brasil (des)conhecia. Uma jovem fotógrafa que o acompanhou tirando dezenas de fotos me perguntou, incrédula, se era verdade mesmo o que se dizia: que o seu modelo, tão solícito e sedutor, era inacessível em sua terra. Achou que eu estava brincando quando a aconselhei a vender o material para jornais brasileiros e ganhar um bom dinheiro.

Sentados em volta de uma mesa, alguns cubanos ouviam meu relato sobre as frustradas tentativas dos colegas brasileiros de entrevistar o escritor, ali presente. Citava o meu exemplo. Depois de vinte anos de amizade, eu perdera afinal a esperança. Contei que minha última investida — não para uma entrevista, mas para um perfil, ouvindo amigos e outras pessoas que tinham o que dizer sobre o escritor — resultou num rompimento. Ele ficou seis meses sem falar comigo.

Constrangido, Rubem fez uns comentários e fingi que tinha ligado o gravador. Ele amarrou a cara, deu um pulo, as pessoas riram e eu o tranquilizei logo, dizendo que era, evidentemente, uma brincadeira. Claro que não ia gravá-lo.

Acontece que, muito tempo depois, já no Brasil, fui perceber que, na confusão, meu pequeno gravador permanecera na verdade ligado e captara um pouco de nossa conversa. Não havia nada demais, valia apenas pela curiosidade. Mesmo assim nunca tive coragem de contar para ele.

A parte audível da gravação começa com José Rubem tentando nos convencer de que não era recluso. Só não gostava de dar entrevista.

> A celebridade é que me chateia, me grila. Ainda bem que não sou célebre. Fico pensando em pessoas realmente célebres, como Chico Buarque. Um dia saí de casa e tive uma queda de pressão. Para não cair, porque achei que ia desmaiar, me apoiei numa árvore e sentei num cubo de metal baixinho que tinha em volta para protegê-la. Pus a cabeça entre as mãos e fiquei descansando. Aí, chega uma mulher e pergunta (imitando a voz fina): "Você não é o Rubem Fonseca?". Me curei logo. Final da história: ela chegou em casa e deve ter dito: "Encontrei o Rubem Fonseca bêbado, na sarjeta, saiu cambaleando". Isso é que é chato.

Outra cena. "Uma noite fui jantar com a Dorrit (Harazim), que queria fazer uma matéria para a *Veja* comigo. Como eu ia dizer não, e ela é muito amiga nossa, gosto muito dela, convidei-a para jantar. Aí, tou jantando com ela, alguém na mesa ao lado diz: 'Você não é Rubem Fonseca? Sou seu admirador etc. etc.'. O casal jantou, saiu e quando eu pedi a conta, um restaurante caríssimo, o maître informou: 'Já foi tudo pago pelos seus admiradores.'"

"Dorrit não acreditou. 'Você pensa que não sei que foi tudo arranjado por você pra me impressionar?' (gargalhadas). Ela dizia que eu tinha inventado aquilo tudo."

"Em compensação, se me mandam uma coisa pra ler, eu leio, respondo, incentivo as pessoas, estimulo escritores jovens, tem uma porrada deles que me escrevem."

"Você responde as cartas?", alguém perguntou.

"Também respondo, mas respondo seco. Às vezes me estrepo, né? Uma vez um cara me mandou uma carta com um livro, respondi, ele mandou outra e outra, até que chegou uma assim: 'Rubem Fonseca, larguei minha família, saí de casa, você tem razão: o escritor realmente não pode ser preso a nada, nem família, nem pais, nem casa'. Escrevi então minha última carta pra ele: 'Meu caro Fulano, nunca eu mandei você largar o emprego e parar de trabalhar para escrever. Fui executivo de empresa durante anos e anos e só deixei muito depois.'"

"E as mulheres escrevem muito?", quis saber uma cubana.

"As mulheres escrevem também. Mulher às vezes é fogo. Quando vejo que é conversa mole, com retratinho, aí não."

"E entrevista você nunca deu mesmo?"

"Não, só uma vez participei com ele [apontando para mim] na revista *Visão* de uma mesa-redonda sobre teatro ou literatura, acho. Pensando bem, dei, sim, dei uma entrevista aqui para a rádio de Havana, em 1983. Foi a única entrevista de fato. O [escritor] Antonio Torres, que estava aqui com a Nélida Piñon, me disse um dia: 'Você sabe que o Dops no Brasil está gravando as entrevistas que damos aqui?'. 'Ah, é, o Dops está gravando entrevista? Então vou dar uma'. Não dou entrevista porque não quero, não porque o Dops grava, porra."

"Você dizia o quê?"

"Esculhambava os militares, o governo, chamava de golpe, ah, porra, o cara querer te amedrontar? Nem sei se estavam mesmo gravando, mas a hipótese me obrigou a dar a entrevista para não parecer que eu era um medroso. Aliás, *O cobrador* é um livro violento porque eles proibiram *Feliz ano novo*. Me deixou tão puto da vida que aí escrevi um outro conto ainda mais violento."

"Você foi perseguido pela ditadura?"

"Como pessoa, não, só como escritor."

Aí contou para os cubanos como foi a longa briga na Justiça pela liberação de *Feliz ano novo* e falou de *O caso Morel*, "que é muito pornográfico e eles também quiseram proibir". Mas nesse trecho a minha gravação clandestina e involuntária ficou muito ruim.

Se como entrevistado José Rubem deu o que tinha que dar, isto é, quase nada, como entrevistador foi uma revelação em Cuba. Fizemos juntos duas entrevistas, uma com o escritor Senel Paz, publicada pelo *Jornal do Brasil*, e outra com Fidel Castro, que não pudemos publicar.

Senel era, na ocasião, o xodó de Cuba, mas não de Fidel. Com exceção do Comandante, que não lera o livro nem vira o filme, mas com certeza não gostou dos dois, os cubanos adoravam o que ele escrevia para a literatura ou para o cinema. Seu livro *O lobo, o bosque e o homem novo* fora traduzido em dezenas de países, inclusive o Brasil, e dera origem ao filme *Morango e chocolate*, que repetiu o sucesso do livro, a história de um jovem comunista que se torna amigo de um artista gay.

Com 44 anos na época, ele pertencia à geração criada pela Revolução, em relação à qual tinha um olhar dividido entre o reconhecimento de seus feitos no campo social e a crítica aos erros políticos e econômicos. Ele não quis sair de Cuba, não se considerava um dissidente, mas não abria mão de seu direito de continuar questionando o sistema. Nossa primeira pergunta foi:

— Afinal, Fidel viu ou não o filme?
— Não sei.
— Por que você não perguntou a ele ontem no Palácio?
— Porque, quando se é convidado, não é elegante impor o tema de uma conversa que pode constranger. Seria indelicado. Quando o presidente Clinton viu *Filadélfia*, na Casa Branca, não disse nada, e o diretor, que estava presente, também nada perguntou. Fidel tem o direito de gostar ou não do filme. O que não seria correto é, por não gostar, querer proibi-lo. Isso não ocorreu.
— Mas ficou evidente no Palácio que você não é o autor preferido dele.
— (rindo muito) Mas ele foi amável, me tratou com cordialidade.
— Mas protestou quando falaram de sua importância (o escritor Roberto Retamar, presidente da Casa das Américas, disse que Senel era mais importante para Cuba do que a instituição que ele dirigia. "Isso não", protestou Fidel).
— Com razão. Aquilo foi um exagero do Roberto. A Casa das Américas é um trabalho de 36 anos que, em momentos difíceis, nos manteve em contato com a América Latina e nos inculcou uma vocação latino-americana.
— Por que Cuba passou de moda?
— Porque os preconceitos são maiores e o nosso discurso, muito gasto, porque retórico e vazio. O pior é que as autoridades cubanas continuam de costas para o sistema de comunicação vigente no

mundo. O filme contribuiu para que as pessoas voltem a pensar em Cuba e que renovem as razões para querê-la.

— No Brasil, o filme fez mais por Cuba do que toda a propaganda oficial. Aqui também?

— Aqui, o sucesso de público superou o sucesso artístico. Virou um sucesso social, político, histórico. O público decodificou o filme como um ato de criação livre. Entendeu que cubanos que continuaram aqui, que não se foram, eram capazes de uma abordagem respeitosa, amorosa, mas crítica. Sempre se teve a explicação oficial de que a culpa [pelos erros do regime] é dos que se vão, que são maus cubanos, que são traidores. O filme assinala que a responsabilidade também foi da Revolução, e em um grau não pequeno. Nunca imaginamos que esse filme fosse tão necessário para Cuba.

A entrevista é longa e contém uma lúcida análise de Cuba na metade dos anos 1990. A última pergunta foi feita por mim:

— O que você acha de estar sendo entrevistado por Rubem Fonseca?
— Estou emocionado. Rubem é um dos maiores escritores que temos internacionalmente. Ele estar aqui em minha casa, me entrevistando, parece brincadeira. Isso é um luxo!

Na véspera dessa conversa com Senel Paz, os membros do júri do prêmio Casa das Américas foram recebidos no Palácio por Fidel Castro. Gente à beça, o enorme cordão dos puxa-sacos em torno do Comandante, achando graça de tudo o que ele dizia, quando de repente conseguimos — um colega argentino, um inglês e nós dois — levar Fidel para um canto, para uma entrevista.

O Comandante Fonseca, fazendo uso da igualdade de patente, foi muito franco na sua primeira pergunta. Até demais.

"Quantos filhos tu tens?"

Fidel evidentemente não gostou, reclamou da "indiscrição", mas acabou respondendo.

"Já perdi a conta. Mas todos foram registrados."

A entrevista demorou umas duas horas, e eu já nem prestava mais atenção, antegozando o feito jornalístico, o grande furo que ia dar: a conversa íntima e franca dos dois Comandantes. Houve um momento em que Fidel colocou o indicador, com uma enorme unha por fazer, na testa do nosso José Rubem e aconselhou: "Tu tens que tomar o PPG, eu tomo há quatro anos. Ele não é bom apenas para aumentar o apetite sexual, é bom também para a memória" [era um produto para reduzir o colesterol que fazia muito sucesso na época].

Não me lembro, José Rubem também não, se foi na saída ou logo depois da entrevista que o assessor nos abordou para pedir a fita da gravação e para dizer que nada do que fora dito ali podia ser publicado ou comentado. "O Comandante não autoriza."

Profissionalmente, já tive muitas frustrações, mas acho que nenhuma como a daquela noite, porque associada à raiva de termos sido usados como plateia de um ilustre canastrão. No dia seguinte, nos reunimos os quatro entrevistadores para, num esforço de memória, tentar reconstituir a entrevista. A forra seria publicar um dia, depois da morte do ditador, o que fora dito, de acordo com nossas lembranças.

O trabalho foi difícil, com cada um de nós se esforçando para lembrar perguntas e respostas, e o resultado é tecnicamente precário, por mais que meu amigo Antoine Midani tenha usado sua competência técnica para limpar a fita dos ruídos e sujeira de fundo: os quatro falam ao mesmo tempo e riem muito de algumas passagens, como aquela em que perguntei a Fidel se não pensava em se aposentar.

Sua cara de resignação, como se estivesse condenado a carregar aquela cruz de estar no poder desde 1959, quase nos deu pena: "No puedo", suspirou. "Bem que eu gostaria, mas não há condição. Eles não deixam." Aliás, "eles" o obrigavam a muitas coisas. Eles é que não quiseram, por exemplo, o parlamentarismo e ele, que preferiria ser primeiro-ministro, teve que se conformar em ser Presidente do Conselho de Estado Cubano, seu principal título oficial.

Foi muito divertido também quando se vangloriou de andar pelas ruas sem segurança, e minutos antes o víramos acompanhado por dois inseparáveis guarda-costas, que o seguiram até numa ida ao banheiro. Um permaneceu à porta e o outro entrou não se soube bem se para proteger o chefe ou para ajudá-lo na operação de fazer xixi.

Por várias vezes falou do que parecia ser sua esdrúxula obsessão atual: ganhar dinheiro com direitos autorais sobre suas fotos. Disse que vivia com vinte dólares líquidos por mês e que se sentia "explorado" no caso das fotografias. Da mesma maneira que uma foto ou um desenho assinado por Picasso valiam um tanto, comparou, a foto dele também deveria valer. Parecia tomado de uma certa inveja quando informou que seu amigo Gabriel García Márquez estava "mais rico do que Rockefeller, mas isso se deve a Mercedes" [mulher do escritor colombiano].

Informou que havia dez anos não ia ao cinema, não assistia a um filme de ficção, só via documentários na televisão a cabo, de preferência sobre a Guerra Civil americana. Em compensação, lia muito de noite (Shakespeare, Ramón del Valle-Inclán, Pérez Galdós) e dormia apenas quatro horas, já de manhã. Não jantava, mas às três da madrugada comia qualquer coisa. Aquela noite bebeu vinho branco chileno, moderadamente.

Na época, o que ele disse do presidente da Argentina criaria um incidente internacional, se a entrevista tivesse sido publicada. Quando nosso colega argentino falou que seu país tinha privatizado tudo, "só faltava [o presidente Carlos] Menem", Fidel completou:

"Esse eu compro."

"Por quanto?"

"Não digo porque senão vocês publicam."

"Compraria e faria o quê com ele?"

"Embalsamaria."

Falou da rivalidade esportiva com Che Guevara, que tinha mais estudos do que ele e mais conhecimentos. Além de tudo, o mitológico guerrilheiro praticava dezenove modalidades esportivas. Acho que exagerou nessa conta, só para garantir em seguida que ele, Fidel, era melhor esportista do que seu amigo.

Quanto à saúde, ia muito bem. Sua pressão era doze por sete, pulsações normais, uma boa atividade cardíaca e uma forma física que lhe permitia todos os dias dez minutos de flexões abdominais. Isso, evidentemente, graças ao PPG, que Rubem e eu — volta a insistir — não podíamos deixar de trazer para o Brasil. Era um produto natural que "lavava as artérias e mandava sangue e oxigênio para o cérebro", estimulando a memória e atiçando enormemente o apetite sexual. Informou ainda que uma cartela custava vinte dólares na farmácia, mal sabendo que nosso motorista nos tinha oferecido o produto por três dólares no câmbio negro.

Era mais uma propaganda enganosa de Fidel. Se o medicamento possuísse mesmo aquelas propriedades milagrosas, o Estado cubano teria ficado rico antes da explosão de lucros do laboratório americano Pfizer, que só lançaria o Viagra três anos depois.

A saga de uma testemunha

Tudo o que eu não queria em 1989 — com 58 anos, uma mulher de 52 e um casal de filhos de 25 e 24 — era ter mais um filho ou coisa parecida. Que viessem os netos e seriam muito bem-vindos. Mas filho ou coisa parecida, nem pensar, até porque, completando a família, já moravam conosco minha irmã e suas duas filhas. Era esse o estado de espírito do clã Ventura, quando nos aconteceu, digamos, uma "coisa parecida".

Um belo dia cheguei em casa com um adolescente acriano de pouco mais de treze anos e disse: "Aqui está o mais novo membro da família". Não foi bem assim, evidentemente, mas foi quase como se fosse. De repente, Mary, Mauro e Elisa, minha irmã Zenir e suas filhas Dora e Rita ganhavam, sem direito a escolha, alguém para conviver com eles durante não se sabia quanto tempo. E alguém problemático, cheio de dramas e conflitos, vindo de uma terra distante e de uma cultura estranha — um menino que, aos sete anos de idade, fora entregue pela mãe ao fazendeiro Darly Alves da Silva para acabar de criá-lo.

Genésio Ferreira da Silva, esse o seu nome, assistira a toda a preparação do assassinato do líder seringueiro Chico Mendes, arquitetado na fazenda por Darly e executado por seu filho Darci no dia 22 de dezembro de 1988. E resolveu contar o que sabia à polícia e à Justiça.

Ele entrou na minha vida por acaso, resultado de uma transgressão que cometi contra uma lei básica do jornalismo — a de que, ao reportar os acontecimentos, não se deve interferir neles.

A atuação de Genésio nas investigações, sua coragem, os riscos que correu, tudo isso está contado na série de reportagens que fiz para o *Jornal do Brasil* em 1989 e que, em 2003, se transformou no livro *Chico Mendes: Crime e castigo*, que incluiu também o resultado de uma nova visita minha ao Acre quinze anos depois. Aí descrevo como fui obrigado pelas circunstâncias a retirar o menino do Acre e trazê-lo para o Rio de Janeiro. Desprotegido e vulnerável em meio a um clima de guerra entre fazendeiros e seringueiros, ia acontecer com ele o que acontecera com Chico: seria assassinado. Questão apenas de tempo.

A história adquiriu um tom meio épico. O jornalista Élson Martins e eu praticamente sequestramos Genésio num pequeno avião alugado, embora com a autorização do juiz de Direito da cidade de Xapuri, e o entregamos à guarda do comandante da PM em Rio Branco, coronel Roberto Ferreira da Silva, que por acaso tinha o mesmo sobrenome do menino. A operação acabou me dando a heroica sensação de que salvara uma vida.

Um mês depois, porém, o coronel me telefonou para comunicar que o menino não podia mais permanecer lá: ele descobrira dentro da corporação uma trama para matá-lo. Sugeri a transferência para o quartel do Exército. Ele respondeu que o risco seria o mesmo ou maior. Só havia uma saída: trazer o menino para o Rio. Foi o que tive que fazer.

O que aconteceu a partir daí, o cotidiano de uma experiência nova e difícil para mim, para minha família e para ele mesmo vou tornar público agora em detalhes pela primeira vez. Como se verá, é uma solução que só se recomenda numa situação-limite, quando a opção for salvar uma vida — ou não salvá-la e carregar consigo o peso da omissão.

Genésio permaneceu sob minha tutela até os 21 anos, mas por medida de precaução, pois sabia-se no Acre que ele estava comigo, estudava fora meio às escondidas e vinha passar as férias e os feriados em casa.

Produto quase vegetal dos povos da floresta, esse ser telúrico nunca se aclimatou à selva de pedra. Vivia em estado de eterno exílio. Numa inadaptação permanente, frequentou várias escolas em umas oito ou nove cidades diferentes, percorreu outros tantos lugares, teve inúmeras aventuras e nunca se refez do choque cultural da mudança.

Quando atravessou pela primeira vez um túnel, entrou em pânico. Quando lhe disse que a água do mar era salgada, só acreditou depois de provar. Elevador era uma máquina desconhecida, vaso sanitário então nem se fala, garfo, um instrumento de uso complicado. Tudo era novidade, nem sempre agradável, como o caos do trânsito e o barulho da cidade. Me lembro de seu espanto quando meu filho levou-o a um discreto prostíbulo para sua iniciação sexual — no reino dos urbanos, bem entendido.

Nunca deixou de ser perseguido por uma saudade visceral de sua terra, por uma recorrente melancolia e pelo assédio incessante do álcool. Aprontou em vários lugares. Mas em nenhum momento hesitou em cumprir o incômodo e arriscado papel de testemunha que o destino lhe reservou.

Seus primeiros meses em casa exigiram de mim providências a que não estava acostumado. A primeira foi atender à exigência do juiz de Xapuri, que autorizou a viagem do menor sob a condição de que eu obtivesse junto ao Juizado de Menores do Rio a guarda provisória dele.

Para isso, tive que recolher declarações de autoridades como o então secretário estadual de Justiça, Técio Lins e Silva, o juiz Sérgio Verani e o médico José Noronha, secretário estadual de Saúde — todos garantindo que eu tinha "ilibada reputação pessoal e profissional". Noronha atestava ainda que eu gozava de "boa saúde física e mental" e não era "portador de moléstia infectocontagiosa".

Mais complicado foi participar das negociações com os produtores brasileiros e americanos para estabelecer os direitos de imagem de Genésio no filme que queriam fazer sobre o caso Chico Mendes. Foram conversas demoradas que levaram a um contrato considerado bem razoável pelos entendidos: assessorado por advogados amigos, consegui que fossem pagos 50 mil BTNs (50 mil cruzeiros na época), desde que a aparição do personagem "não ultrapassasse 20% do tempo de exibição total do filme". Se estourassem o tempo, teriam que pagar mais.

Impus, ainda, uma cláusula determinando que a caderneta de poupança com o depósito não pudesse ser movimentada por ninguém, muito menos por mim, só por Genésio, mas quando atingisse a maioridade.

Enquanto isso e a pedido de Maria Christina Sá, coordenadora da Pastoral do Menor da Arquidiocese do Rio, o presidente da CNBB, d. Luciano Mendes de Almeida, conseguia uma vaga num internato na região serrana do Rio, onde ele permaneceu por pouco tempo. Embora no princípio gostasse do lugar, não se adaptou.

Utilizando a mesma rede religiosa, tentamos então outra solução e essa me pareceu ideal, porque era numa região mais rural, longe do agito urbano: o Aprendizado Marista Padre Lancísio, em Silvânia, Goiás. Com a vantagem de que ali perto, em Goiânia, morava meu amigo Washington Novaes, jornalista e estudioso de questões ambientais, que foi aliás quem nos recebeu no aeroporto e nos levou de carro até o educandário. A viagem, num fim de tarde esplendoroso, com aqueles flocos de nuvens que só se encontram no Planalto Central, deixou Genésio animado.

Ele ainda estudava em Silvânia quando, em dezembro de 1990, minha mulher e eu o acompanhamos a Xapuri para funcionar como testemunha no então chamado "julgamento do século", um espetáculo que atraiu a imprensa e os ambientalistas do mundo todo, formando um grande circo.

Com uma coragem que impressionou o júri, Genésio confirmou o que já havia dito à polícia e o seu depoimento acabou sendo decisivo para a condenação a dezenove anos de prisão de Darly, como mandante, e de Darci, como executor do assassinato de Chico Mendes.

O garoto saiu dali como herói, com direito a convites para estudar nos Estados Unidos, oferecimento de bolsa e até notícia na TV informando que ele já estava vivendo na América em conforto e segurança. Desligadas as câmeras, nada disso aconteceu. Genésio cumpriu o seu dever, mas quase ninguém cumpriu suas promessas. Voltou para Goiás, mas só por mais alguns meses.

A cautela depois do julgamento tinha que ser maior, devido à exposição a que ele fora submetido. Releio uma declaração de 15 de fevereiro de 1991 em que prometo ao irmão Domenico Fratinelli, diretor do Aprendizado Marista, obediência incondicional em nome de meu protegido.

> Declaro também que qualquer infração do aluno às normas disciplinares estabelecidas implicará o seu desligamento automático do educandário. A essas condições acrescente-se uma outra: o menor não pode, sob qualquer pretexto, prestar declarações ou dar entre-

vistas — seja a jornalistas, seja a sociólogos, seja a antropólogos, seja a órgãos de comunicação, seja a quaisquer outras instituições. Se isso ocorrer, os diretores e professores estão isentos de responsabilidade, que será assumida inteiramente por este que assina esta declaração.

Hoje me dou conta, se é que não dava na época, da tensão em que viviam os diretores das instituições que acolhiam Genésio. Além de garantir a integridade física de uma valiosa testemunha, tinham que mantê-la incógnita — e, quando bebia, Genésio falava demais. Deviam resguardá-lo de possíveis assassinos e de prováveis jornalistas.

Com a condenação de Darly e Darci, a família Alves se desesperou e moveu um cerco à mãe de Genésio, d. Marina, oferecendo dinheiro para que ela convencesse o filho a "voltar atrás", ou seja, a desdizer o que havia dito no julgamento. Bastaria que ele alegasse ter sido forçado por mim a fazer aquelas afirmações, que passaria a repudiar como falsas. Pretendiam assim anular o julgamento.

Em pânico, peguei o avião e fui a São Paulo conversar com o advogado Marcio Thomaz Bastos, que funcionara como assistente de acusação da advogada e freira Sueli Belatto e que fora decisivo na condenação dos réus. Brilhante como orador e dono de um irresistível poder de convencimento, ele produziu uma peça de acusação que arrasou os argumentos da defesa.

O futuro ministro da Justiça do governo Lula procurou me tranquilizar: "Não há a menor hipótese disso acontecer", me garantiu, explicando como juridicamente o golpe da família não tinha chance de prosperar. O problema para mim, porém, não era técnico, mas moral. Mesmo que não surtisse efeito, se o recurso fosse tentado, me poria na condição de suspeito. Só de pensar que poderia ser acusado de obrigar o menor a um falso testemunho me fazia perder o sono.

Quem me deu realmente tranquilidade foi o próprio Genésio, que jamais hesitou: não quis saber da proposta. Nada abalava a firmeza de seu caráter, nem a bebida, ainda que esta causasse muitos transtornos.

Numa madrugada de junho de 1993, recebi um telefonema do prefeito de Ouro Preto, Ângelo Oswaldo, informando que um garoto chamado Genésio Ferreira da Silva estava preso numa delegacia da cidade por ter sido flagrado fazendo arruaça. Nessa época, ele estudava no Colégio Dom Bosco, em Cachoeira do Campo, uma cidade próxima. A difícil vaga no internato também fora conseguida por d. Luciano.

Expliquei ao prefeito de quem se tratava, recomendei que mantivesse a identidade do garoto em absoluto segredo e pedi que tentasse evitar que o incidente se tornasse notícia. Já via o jornal local anunciando em manchete — "Presa testemunha do caso Chico Mendes" — e a imprensa do país e, quem sabe, do mundo repercutindo o fato no dia seguinte.

Ângelo conseguiu evitar o escândalo, mas, como eu imaginava, a confusão iria causar a expulsão de Genésio da escola. Pouco mais de um mês antes, ele assinara um documento comprometendo-se a melhorar sua conduta. "Estou consciente de que serei mandado embora deste internato se não me esforçar e cair em novas transgressões. Que Deus me ajude."

O fax que recebi com essa declaração trazia embaixo a triste notificação do diretor do educandário: "Apesar destas promessas e advertências, Genésio continua cometendo seus erros e transgressões. O pior é que ainda leva outros colegas para o mau caminho. Não continuará no internato".

Com uma invejável capacidade de fazer amigos e arranjar namoradas, Genésio nessa altura já tinha em Ouro Preto uma delas, que o acolheu enquanto ele desfrutava do último privilégio que padre Vicente, o diretor da escola, lhe concedera: mesmo expulso, para não perder o ano, realizaria as provas.

Como costumava acontecer, Genésio ficou deprimido, não só por causa da namorada, mas porque estava contente no colégio e descobrira Belo Horizonte, onde passou alguns agradáveis fins de semana e férias em casa de meu amigo Afonso Borges, jornalista e produtor cultural.

As novidades (as boas) vinham pelo correio. Genésio gostava de escrever cartas e, apesar dos solavancos gramaticais e dos erros de concordância, conseguia se expressar com graça e fluência. Suas descrições tinham humor e cor local.

No dia 20 de outubro de 1992, por exemplo, ele me escrevia:

> Como você pode imaginar, o meu final de semana em BH, na casa do Afonso, foi um barato, ele é muito legal, é um amigão. No sábado, ele e a Janine me pegou [sic] aqui no colégio, fomos direto a um restaurante [...]. A Janine, aquela loirona inesquecível, também muito legal comigo. Sempre conversando e fazendo pergunta, eu também não perdoei e perguntei se ela era casada, ela me respondeu que era separada e que tinha um filho de dois anos, se eu estava a fim de segurar essa onda. Enfim, brincamos bastante. Ela e o Afonso são dois brincalhões.

Nas férias, sem que as demais pessoas soubessem quem ele era, trabalhou na livraria de meu amigo, além de ajudá-lo no projeto de palestras literárias Sempre Um Papo. No dia 4 de fevereiro de 1993, ele contava:

> Eu não tô mais namorando a Luciene, mas tô paquerando várias garotas, breve estarei de namorada nova. Conheci uma garota por nome Daniela, ela é uma gracinha! Tem dezesseis aninhos, devagar

eu chego lá. Comecei o trabalho com o Afonso no novo escritório dele, é um barato, faço tudo que ele pede, ou seja, que ele manda. Eu amo o Afonso, ele me entende e compreende.

Em seguida, uma confissão:

No momento, eu vivo uma felicidade que nunca vivi: um dia desses parei pra pensar em tudo do passado, quando lhe conheci, do carinho de vocês, me emocionei, meus olhos se encheram d'água, foi um momento lindo. A vida é engraçada, né? Se eu morrer hoje, morrerei feliz.

Até que veio nova recaída. Genésio variava de humor e estado de espírito com frequência, atribuindo à bebida essa oscilação que o levava da alegria à depressão, da sensatez ao desatino. Acabou aprontando com Afonso, num episódio cujos detalhes os dois não revelaram.

De Minas, ele partiu quase que diretamente para Porto Alegre, seu novo destino, escolhido depois de várias consultas. Fui recebê-lo na rodoviária do Rio já com sua passagem para a viagem seguinte. Ele chegou de Ouro Preto às 7h30 da manhã e embarcaria às nove para o Sul. Nos abraçamos, e não sei qual de nós dois estava mais frustrado. Ele estava certamente mais deprimido. Levei-o para tomar um suco de laranja no segundo andar e ouvi, além do que já sabia, a notícia de que se encontrava "perdidamente apaixonado" por C., a garota em casa de quem ficara depois da expulsão.

Como não havia muito tempo para queixas ou arrependimento, dei-lhe a passagem e disse quem seria seu novo anjo da guarda — o franciscano frei Sérgio, a quem eu expusera com detalhes toda a sua história — e aconselhei-o: "Gegê, esquece Ouro Preto, esquece C. e se prepare para recomeçar mais uma vez".

Durante a temporada gaúcha de altos — os seis primeiros meses — e baixos, quando se envolveu em sérias confusões, tive que lhe dar por telefone duas notícias. A primeira, péssima: "Recebi um telefonema de sua mãe dizendo que sua irmã de Manaus foi assassinada pelo marido, por ciúmes".

Um ano e meio antes, como ele estivesse muito saudoso da mãe, uma operação fora montada para que a reencontrasse na capital amazonense. O reencontro aproximou-o da irmã e de suas duas filhas pequenas, agora órfãs. Pode-se imaginar como ficou sua cabeça.

Aproveitei a segunda notícia, que o obrigaria a vir ao Rio assinar uns papéis, para tirá-lo definitivamente de Porto Alegre, onde não havia mais clima para sua permanência. Comecei assim: "Você se lembra daquele barbudo que foi a Manaus com uns papéis pra você assinar?". "O Nelsinho (Rodrigues)? Claro que lembro."

Contei-lhe então que o contrato para o filme sobre Chico Mendes finalmente ficara pronto e ele ia receber R$ 50 mil para usar quando atingisse a maioridade. A empresa de Nelsinho e seu irmão Joffre era a coprodutora do filme, e ele precisaria estar no Rio para participar das providências finais: assinatura, preenchimento de fichas, abertura de conta.

Genésio não desistia, porém, da ideia de voltar para sua terra. Meus amigos acrianos a quem consultei, inclusive o juiz Adair Longuini, informavam, no entanto, que, se voltasse, ele seria provavelmente morto. Para agravar, uma reportagem do *Fantástico* mostrou que os assassinos de Chico Mendes estavam foragidos em Cobija, na Bolívia. Genésio sabia como era fácil atravessar aquela fronteira boliviana — coisa, aliás, que Darly e Darci faziam quase diariamente, como se podia ver na televisão.

Ao mesmo tempo, não dava mais para segurá-lo pelas bandas de cá. Assim, depois de três meses de procura, contatos e negociações, comandadas pela líder sindicalista acriana Júlia Feitoza — ela centralizava as ações da "rede", que contava ainda com Élson Martins, o bispo d. Moacir Grechi, a futura ministra Marina Silva e Jorge Viana, que seria governador do Acre —, chegamos ao consenso de que o lugar onde ele teria assistência, segurança e condições ambientais que se assemelhavam às de sua origem seria Marabá, no Pará.

Na petição que fiz na época ao juiz Siro Darlan, da 1ª Vara da Infância e da Juventude, explicava tudo isso e justificava o meu pleito: "Genésio, feliz com a solução, me pediu então que liberasse uma parte da poupança — apenas uma parte, talvez a metade — para que ele pudesse começar vida nova, ou seja, para que pudesse comprar uma Kombi e com ela trabalhar".

O pedido foi logo atendido, e, em pouco tempo, Genésio partia em direção ao Norte. Sua felicidade é manifestada em várias cartas. Numa, datada de 1º de agosto de 1995, ele diz:

> Fiz uma ótima viagem, fui bem recebido por todos, tanto em Brasília como aqui. Encontrei a Júlia em Brasília, conversamos bastante, ela me deu vários conselhos. Enfim, aquelas coisas de sempre. Tô adorando. Gosto do ambiente, apesar do calor. Isso não importa, o importante é eu gostar. Aqui é a minha cara, adoro!

Não se tratava só de gostar, mas também de gastar. Com dinheiro no bolso, ele passou a agir como um novo-rico, seguindo um impulso consumista que nunca o abandonou. "Foi a cidade na qual mais curti a vida", confessaria mais tarde. Os pedidos de liberação de dinheiro, os recibos e prestações de contas não paravam de chegar. Onze mil reais para a montagem de uma oficina de recuperação de eletrodomésticos e motores elétricos; 3,8 mil reais para compra de vacas; 7,2 mil reais pela compra à vista de um terreno. Tudo bem, era um dinheiro bem empregado. Mas havia as miudezas e extravagâncias, que às vezes chegavam a mil reais — e os bares, claro.

Preocupado, no dia 21 de outubro de 1995 mandei-lhe um fax comunicando que autorizara a Caixa a liberar mais mil reais, que ele solicitara: "Acho, porém, que você deve começar logo, urgentemente, um plano de racionalização e economia de seus recursos. Assim não dá. Nesse ritmo, quando menos se esperar, o dinheiro vai sumir".

E de fato sumiu. Um dia, irritado com minha resistência ao seu esbanjamento, consultou um advogado e soube que eu não tinha mais direito de controlar o seu dinheiro. Estava livre. Gastou até chegar ao que mais tarde chamou de "A falência", cuja causa atribuiu em parte a uma nova e, para variar, avassaladora paixão que o abandonara. "Passei a consumir mais bebidas e aos poucos destruir meus bens materiais."

Para tentar reconquistar o amor perdido, que sem aviso escapulira para Manaus, ele voou até lá, levando junto um amigo, para quem pagou passagem e despesas, só para ter companhia. Na sua temporada no Norte, Genésio perdeu o que tinha e ficou devendo o que não tinha. Foi uma experiência dolorosa. Arrasado material e moralmente, ele chegou ao fundo do poço. Porém, o desastre pelo menos o ajudou em alguma coisa. Assumiu-se definitivamente como dependente químico, e isso facilitou o passo seguinte, a internação.

Mais uma vez Júlia Feitoza entrou em ação, descobrindo um centro de recuperação no interior de São Paulo, perto de Franca, a Fazenda do Senhor Jesus. Lá, além do tratamento adequado, Genésio ganhou uma família, que praticamente o adotou. Quando não o levava para casa, ia visitá-lo nos fins de semana. Amigos de Júlia e militantes petistas, o casal Dalvinha e Jorginho tinha dois filhos, uma menina e um menino, dos quais Genésio gostava como irmãos. As cartas e as fotografias desse período não deixam dúvidas quanto à afeição que envolvia aquelas cinco pessoas.

No dia 23 de outubro de 1997, recebi dele um bilhete, oito fotos e duas cartas com um daqueles seus dramáticos mea-culpa. Ele pedia "perdão por todos os transtornos e danos que causei em sua vida, na vida de sua família e também na vida de alguns de seus amigos, o Afonso, por exemplo". Falava dos problemas: "Você sabe muito bem quais são", e do sofrimento.

> Pois bem, seu Zu, enfrentei uma barra de muita dor e muita amargura, mas nunca pensei em desistir [...] depois de tantas experiências que passei, tanto soco em ponta de faca que dei, aprendi alguma coisa, aprendi a viver consciente das coisas [...]. Hoje, meu caro amigo, sou mais amigo de minha consciência e isso me faz bem.

Depois, silêncio. As notícias vinham por intermédio de Júlia e de Élson. Procuro alguma carta desse período e não encontro, a não ser que não as tivesse arquivado, o que acho difícil. Guardei numa pasta tudo o que se referia a ele, ainda que fora de ordem, mais para um dia prestar contas, se fosse preciso.

Como nunca pensei em escrever a história de Genésio, embora ele sugerisse que eu o fizesse, os registros são incompletos e a grande quantidade de fitas guardadas jamais vou ouvir. Para se ter uma ideia, só abri essa pasta quando comecei a trabalhar neste livro.

Acho que o bloqueio tem a ver com a natureza da experiência e com o fato de que eu teria que responder à clássica pergunta: "Onde foi que errei?". Fazendo também minha autocrítica, diria que, ao contrário de Mary, que soube dosar rigor e afeto, disciplina e tolerância, sempre fui muito complacente. Ela não teve pudor de um dia lhe dar uns bons cascudos, ao acordarmos de madrugada com o barulho de batida de nosso carro, que Genésio pegara para um passeio sem saber dirigir.

Sempre perspicaz, ele percebia isso e, quando precisou ir a Xapuri para o julgamento, fez questão de que ela fosse junto. Se tivesse que escolher entre mim e minha mulher, acho que a escolheria sem dúvida, porque sentia mais firmeza e tinha mais confiança nela num momento em que se encontrava particularmente fragilizado.

Um dos problemas da vida de Genésio foi que a transição se deu de forma brusca. Ou melhor, não houve transição, houve ruptura. Ele saiu de um "pai" como Darly, que lhe encostava a faca na barriga por causa da menor falta, para um outro, igualmente postiço, que lhe passava a mão na cabeça mesmo diante da falta mais grave.

Em 2001, finalmente, conseguiu-se o que fazia tanto tempo se tentava: colocá-lo sob a guarda do Programa de Proteção a Testemunha do Ministério de Justiça. No dia 24 de outubro daquele ano, após um longo período sem notícias, recebi uma carta dele sem a procedência. "Aqui comigo a luta continua, mas com uma diferença. A diferença é que me encontro mais protegido, mais amparado e mais valorizado pela sociedade."

Ele avisava que escrevia não para falar de problemas, mas de coisas boas, "apesar de estar num centro de recuperação para dependentes químicos". Parecia realmente feliz, a ponto de se derramar. Aquele menino durão, com dificuldade de chorar, que enfrentou os matadores de Chico Mendes com desassombro, era no fundo um sentimental que de vez em quando não se continha.

> Olha, Zuenir, você plantou muitas coisas boas no meu coração, coisas que até hoje reflete [sic] você dentro de mim e que nunca vai deixar eu esquecer que um dia alguém lutou por mim de verdade [...]. Foi com

você que aprendi o que é ser cidadão, foi com você que aprendi o que é amar. Foi convivendo com você que adquiri a educação e o respeito. Também foi com você que eu percebi que era alguém nessa vida. Não sei se você se lembra, mas foi você que me falou pela primeira vez de futebol, de política, da ditadura e da Segunda Guerra Mundial.

Por naturais razões de segurança, as cartas demoravam e vinham sem que eu soubesse de onde e eu enviava as respostas sem saber também para onde. Às vésperas do Natal desse mesmo ano, recebi outra carta em sete folhas daqueles cadernos escolares grandes, na mesma letrinha miúda, que curiosamente lembra a caligrafia de meu filho.

Parece mentira, mas pela primeira vez desde quando nos conhecemos vou passar um Natal sem beber, não porque não tenha, mas sim porque eu não quero mesmo [...]. Você sabe que o maior erro de minha vida foi a bebida, porque através dela surgiram os outros [...]. Gostei muito em saber que d. Mary e Elisa leram minha carta. Isso é uma prova de que elas ainda sentem um grande afeto por mim. Fico muito satisfeito com isso e agradeço a elas pela atenção e pelo carinho, porque, apesar de tudo, ainda me sinto querido por elas.

Pouco tempo depois, mais uma reincidência e o desligamento do Programa.

No final de 2003, Júlia, Élson e eu tivemos um encontro secreto com Genésio na Amazônia. Não sabíamos o lugar exato onde ele estava e nem ele desconfiava de que ia nos encontrar. Com cuidado para não chamar a atenção, deixamos de carro a cidade onde estávamos hospedados, paramos algumas vezes, perguntamos e acabamos localizando-o num determinado ponto de uma estrada. Genésio levou um susto.

Junto com a evidente emoção de nos rever, percebi nele um certo desconforto, quase desagrado. A surpresa não o deixara à vontade. Achei que era por causa da aparência desleixada, a barba por fazer, o cabelo despenteado, as unhas sujas de terra. Um pouco por isso, sim, mas a verdadeira razão descobri quando ele se aproximou, nos abraçamos e eu senti o cheiro de álcool. Genésio estava, uma vez mais, em plena recaída.

Não tivemos muito tempo, o suficiente para ele anunciar que tinha acabado de escrever um livro sobre sua vida, faltavam apenas os anos mais recentes. Queria que eu lesse quando estivesse todo pronto. Temendo que um acaso qualquer destruísse o material, insisti para que ele entregasse a parte escrita a Júlia ou a Élson.

Já no Rio, recebi de meus dois amigos a informação de que Genésio fora internado novamente e que os originais do livro já se encontravam em suas mãos. Élson estava impressionado com a franqueza e a coragem do relato, embora admitindo que o manuscrito fosse formalmente imperfeito. Achava, no entanto, que havia ali um livro.

Tempos depois chegou para mim uma pasta de plástico transparente com centenas de folhas de papel pautado, numeradas e organizadas por capítulos, alguns com título. Curioso e ao mesmo tempo temeroso em relação às revelações, dei apenas uma lida por alto, sabendo que não teria o menor distanciamento para julgar.

Pelo que vi, é um material ainda em estado bruto, precisando ser trabalhado. Fui folheando as mais de trezentas páginas, parando aqui e ali e passando os olhos por alto. No capítulo sobre alcoolismo me detive. Era pungente. Escrito quando ele tinha 27 anos, Genésio fez as contas e chegou à conclusão de que, nos seus treze anos de dependência química, já fora internado sete vezes em clínicas psiquiátricas, centros de recuperação ou comunidades terapêuticas, para tratamento ou para desintoxicação.

Em 8 de maio de 2003, ele anota que estava "tranquilo e satisfeito porque nesse dia, uma quarta-feira, fui a um laboratório para dar uma geral no fígado, rins, pâncreas e pulmão. O dr. disse: 'Está tudo normal, meus parabéns'". Genésio se encontrava em tratamento havia um ano e cinco meses.

Mais do que nas cartas, no livro é onde ele confessa toda a extensão de seu sofrimento. "Quando eu criava um problema que abalava a estrutura do Zuenir, abalava a minha também, porque a minha autoestima ia por água abaixo. Aí eu entrava em depressão, arrependido pelos atos cometidos."

Lendo um trecho, me lembrei da conversa que tivera há muitos anos com dois psiquiatras que trataram de Genésio em momentos e cidades diferentes. Sem se conhecer, eles concordavam sobre a habilidade do paciente em dificultar a terapia, manipulando o terapeuta. Ele alternava autodepreciação e autossuficiência. Um exemplo do segundo caso:

> Do meu problema eu conheço mais do que os especialistas da área de psicologia e psiquiatria. Esses especialistas podem trabalhar cinquenta anos comigo que eles não vão resolver a minha situação, problema ou dificuldade, porque depois de Deus só eu sei o que se passa na minha cabeça, no meu ego e no meu ser.

Agora estava ele ali naquela estrada, carregado mais de sofrimento que de glória. Quase quinze anos tinham se passado desde que o vi pela primeira vez na porta do quartel da PM em Xapuri. Naquela ocasião, escrevi:

> Genésio Ferreira da Silva é um cidadão precoce que o destino tentou pela convivência e o exemplo transformar em pistoleiro. Só o mistério da índole, na falta de outra palavra, pode ter impedido esse

menino de seguir a carreira de seus irmãos de criação e do pai adotivo. Mas nem isso nem a condição de testemunha-chave do processo Chico Mendes evitaram o desamparo e a solidão de uma criança que resolveu escolher o atravancado caminho da legalidade numa terra onde ela ainda não pegou. Genésio resiste — resta saber até quando.

UM MÊS DEPOIS

Júlia custou a descobrir o paradeiro de Genésio. Ele abandonara o centro de recuperação onde estava internado, comunicando à direção que não precisava mais de tratamento, e sumira no mundo. Só depois de muita procura ela conseguiu localizá-lo. No dia 24 de fevereiro de 2005, uma quinta-feira, foi ao seu encontro, levando uma cópia deste capítulo para ele ler e, se fosse o caso, corrigir, acrescentar, enfim, aprovar ou não.

Eram nove horas da noite quando ela me telefonou. Passara o dia com ele. Para variar, havia novidades, nem todas boas. Um pouco mais magro, convalescia de um ferimento. Permanecera internado quinze dias, em consequência de uma bala no braço.

Querendo "voltar às origens", Genésio mergulhara num seringal da Bolívia, onde estava colhendo castanha, quando teve uma desavença com um colega de trabalho. Segundo contou, ao cobrar uma dívida, o boliviano respondeu sacando uma arma. Genésio só teve tempo de segurar o cano do revólver, desviando o tiro para o braço. Nada grave, se ele não tivesse perdido muito sangue, até ser recolhido ao hospital.

Finalmente, no dia 15 de março de 2005, recebi um envelope com duas cartas: uma de Júlia, datada de 8 de março, e outra de Genésio, de 24 de fevereiro, autorizando a publicação do capítulo. Júlia dizia:

Confesso que fiquei triste de mais uma vez ver o Genésio naquele estado, magro e um tanto pálido; segundo ele, perdeu muito sangue. O tiro foi de perto, fazendo no braço um buraco maior e em torno outros menores. Teve muita sorte, não pegou nervos nem ossos. Ah, Zuenir, como é difícil este "nosso filho!". Entreguei o texto, expliquei qual era o objetivo, fui em outro lugar resolver outras coisas, para também ele ficar mais à vontade. Depois de três horas retornei; ele havia escrito a carta em anexo.

Nela, Genésio dizia:

Bem, Zuenir, fiquei emocionado com o relato desse capítulo que acabo de ler [...]. Estou de acordo com tudo que você colocou em pauta, achei inteligente da sua parte não dar detalhes das transgressões que cometi, porque embora esteja tudo gravado em minha mente, ia me doer muito ter que ler certas passagens dessa história [...]. É isso, meu caro amigo, peço-lhe desculpas pelos meus erros de ortografia, pois há muito tempo não expresso meus sentimentos e nem pratico a minha escrita por estar envolvido numa grande onda de melancolia nessa vida.

De todas as minhas histórias, a de Genésio Ferreira da Silva foi — está sendo — a mais difícil e sofrida de viver e contar.

Há outro final, esse, feliz. Em outubro de 2015, Genésio lançou, pelo Instituto Vladimir Herzog Editora, seu livro, *Pássaro sem rumo: Uma Amazônia chamada Genésio*. O concorrido lançamento, na Blooks Livraria, contou com um debate do qual participei, junto com o próprio Genésio e Marina Silva. Tempos depois, em abril de 2020, ele me telefonou para dar notícias.

Como sempre, fiquei tenso. Mas por pouco tempo. As novidades eram excelentes. Estava noivo, pretendia se casar em breve e continuava sem beber.

Genésio resiste.

Terminado o livro, Ricardo Setti, que fez a leitura crítica da primeira edição, observou que a seu ver faltaram certos episódios de minha vida profissional. "Fica parecendo que não teve asperezas a sua trajetória — que as teve e muitas." Ele estava se referindo a alguns incidentes e desavenças que foram até meio folclóricos, mas que no final das contas não tiveram significado para mim e, acho, não teriam para o leitor, com o que Setti acabou concordando. Aliás, para quem trabalhou em uma dúzia de veículos — A História em Notícia (publicação didática), jornais Tribuna da Imprensa, Correio da Manhã (duas vezes), Diário Carioca, O Sol, Jornal do Brasil e O Globo; revistas Fatos & Fotos, O Cruzeiro, Visão (duas vezes), Veja, IstoÉ e Época —, até que me indispus pouco e fiz poucos desafetos, considerando a quantidade e qualidade dos afetos que colecionei.

Além de não gostar de jornalismo de cólera e rancor, não quis escrever uma autobiografia. Em seu lugar, como vocês devem ter visto, preferi uma alterbiografia, se isso existisse, ou algo como a biografia dos outros. O que pretendi mesmo, e adoraria ter realizado, foi cumprir a tarefa essencial do jornalista, que é ser testemunha de sua época.

ESTA OBRA FOI COMPOSTA PELA ABREU'S SYSTEM EM INES LIGHT
E IMPRESSA EM OFSETE PELA GRÁFICA PAYM SOBRE PAPEL PÓLEN SOFT
DA SUZANO S.A. PARA A EDITORA SCHWARCZ EM ABRIL DE 2021

A marca FSC® é a garantia de que a madeira utilizada na fabricação do papel deste livro provém de florestas que foram gerenciadas de maneira ambientalmente correta, socialmente justa e economicamente viável, além de outras fontes de origem controlada.